L'attachement dans le monde professionnel

- les clés des relations humaines au travail -

Sacha Vauclair

Introduction : Une clé pour comprendre les relations professionnelles

Les dynamiques relationnelles au travail constituent un facteur central du succès ou de l'échec d'une organisation. Pourtant, malgré leur importance, ces interactions restent souvent mal comprises, réduites à des considérations de performance ou d'efficacité, sans tenir compte de leur profondeur psychologique. La théorie de l'attachement, développée initialement par le psychologue britannique John Bowlby (1969) pour expliquer les liens affectifs entre un enfant et son principal donneur de soin, offre une perspective puissante et inexplorée dans le contexte professionnel. En mettant en lumière les modèles internes opérants qui guident nos attentes et comportements relationnels, elle ouvre une voie pour mieux comprendre et améliorer les relations interpersonnelles dans le cadre organisationnel.

Depuis les travaux pionniers de Hazan et Shaver (1990), qui ont élargi le champ d'application de la théorie de l'attachement aux relations adultes, les chercheurs s'intéressent de plus en plus à son impact dans des contextes variés, notamment au travail. Ce domaine de recherche émergent met en évidence comment les styles d'attachement façonnent non seulement notre manière de collaborer, mais aussi notre capacité à gérer les conflits, à communiquer efficacement, et à exercer un leadership inspirant. En effet, que l'on soit employé, collègue, ou manager, nos schémas d'attachement influencent la manière dont nous percevons et répondons aux comportements des autres, souvent de manière inconsciente.

Cette introduction au livre *La théorie de l'attachement au travail* a pour but de démontrer que ces mécanismes psychologiques ne sont pas seulement pertinents dans les sphères intimes, mais qu'ils constituent également un cadre conceptuel puissant pour analyser et transformer les interactions dans un environnement professionnel.

La théorie de l'attachement : De l'intime au professionnel

La théorie de l'attachement repose sur une idée fondamentale : les liens que nous formons avec les figures d'attachement durant notre enfance façonnent des modèles internes opérants qui persistent tout au long de notre vie (Bowlby, 1988). Ces modèles influencent la manière dont nous établissons des relations, gérons le stress, et naviguons dans des environnements sociaux complexes. Dans le cadre professionnel, ces mécanismes sont tout aussi influents, bien que souvent sous-estimés. Les relations professionnelles, bien qu'axées sur des objectifs et des résultats, sont également des espaces d'interactions humaines profondes où la confiance, la sécurité émotionnelle et le soutien mutuel jouent un rôle crucial.

Les recherches de Mikulincer et Shaver (2007) montrent que les styles d'attachement influencent la manière dont les individus interagissent dans des contextes coopératifs ou compétitifs. Par exemple, les individus ayant un style d'attachement sécurisé sont généralement plus à même de gérer des situations de stress au travail de manière constructive et de cultiver des relations collaboratives. En revanche, ceux ayant un style d'attachement anxieux peuvent se montrer trop préoccupés par leur perception sociale ou chercher constamment une validation, ce qui peut perturber les dynamiques de groupe. Les individus ayant un style évitant, quant à eux, peuvent avoir tendance à éviter les conflits ou à minimiser l'importance des relations interpersonnelles, ce qui peut affecter leur efficacité en équipe.

Une application nécessaire dans un monde du travail en mutation

Dans un contexte professionnel en constante évolution, marqué par des exigences accrues en matière de collaboration et de résilience, il est essentiel de comprendre comment ces schémas d'attachement influencent les comportements. Les environnements de travail modernes exigent non seulement des compétences techniques, mais aussi une capacité à gérer des relations complexes dans des contextes souvent stressants. Les recherches sur la sécurité psychologique (Edmondson, 1999) soulignent que les équipes les plus performantes sont celles où les membres se sentent en sécurité pour exprimer leurs idées, prendre des risques interpersonnels et naviguer les conflits sans crainte de représailles ou de rejet.

C'est précisément ici que la théorie de l'attachement trouve sa pertinence. Elle fournit un cadre pour comprendre pourquoi certaines équipes ou certains leaders réussissent à créer des environnements de travail collaboratifs et productifs, tandis que d'autres échouent. Ce livre propose donc une exploration approfondie de ces mécanismes, tout en offrant des outils pratiques pour les appliquer dans la vie professionnelle quotidienne.

Les objectifs de ce livre

Ce livre vise à combler un vide important dans la littérature professionnelle : l'application de la théorie de l'attachement à la compréhension des dynamiques relationnelles au travail. Les objectifs principaux sont multiples. Tout d'abord, il s'agit de fournir une introduction rigoureuse mais accessible à la théorie de l'attachement, en soulignant son importance au-delà des contextes familiaux et romantiques. Les lecteurs découvriront comment leur style d'attachement influence leur manière d'interagir avec leurs collègues, de répondre aux critiques ou encore de gérer des situations de stress.

Ensuite, ce livre cherche à offrir des outils pratiques pour reconnaître et travailler avec les styles d'attachement au sein des équipes. Comprendre les besoins émotionnels des autres — et les siens — est une compétence essentielle, particulièrement dans des environnements de travail diversifiés et souvent complexes. À travers des exercices pratiques et des études de cas, ce livre guidera les lecteurs dans l'identification des schémas d'attachement et leur fournira des stratégies pour transformer des relations dysfonctionnelles en interactions harmonieuses.

Enfin, le livre explore comment la sécurité émotionnelle, concept central de la théorie de l'attachement, peut être cultivée dans les environnements de travail. Que vous soyez un employé cherchant à améliorer ses relations interpersonnelles ou un leader désireux de renforcer la cohésion de son équipe, ce livre vous offre un cadre pour créer des relations professionnelles enrichissantes et durables.

Une méthodologie fondée sur la recherche scientifique

L'approche de cet ouvrage repose sur une base scientifique solide. Chaque affirmation est appuyée par des études empiriques et des recherches reconnues dans le domaine. Par exemple, des travaux récents ont mis en lumière le lien entre les styles d'attachement et la gestion du leadership (Davidovitz et al., 2007), ainsi que leur influence sur la satisfaction au travail et la rétention des employés (Richards & Schat, 2011). Ces recherches démontrent que l'attachement n'est pas un concept abstrait limité aux relations personnelles, mais un mécanisme qui façonne des aspects critiques des relations professionnelles.

Un guide pour tous les professionnels

Loin de se limiter à un public spécifique, ce livre s'adresse à tous ceux qui souhaitent enrichir leur compréhension des relations humaines au travail. Les employés trouveront des outils pour gérer leurs propres schémas d'attachement et interagir plus efficacement avec leurs collègues. Les leaders et managers apprendront à reconnaître les besoins émotionnels de leurs équipes et à cultiver une culture organisationnelle fondée sur la sécurité émotionnelle. Enfin, les professionnels des ressources humaines et les consultants découvriront des approches novatrices pour améliorer la collaboration et le bien-être au sein des organisations.

Vers une nouvelle vision des relations professionnelles

La théorie de l'attachement au travail ne se contente pas de décrire les influences de l'attachement dans un contexte professionnel. Il ambitionne de transformer la manière dont nous comprenons et pratiquons les relations au travail. Ce livre invite à adopter une vision où les relations professionnelles ne sont plus simplement fonctionnelles, mais deviennent des espaces de connexion, de croissance et de soutien mutuel. Dans un monde où les exigences professionnelles évoluent rapidement, la compréhension des principes fondamentaux de l'attachement offre une ressource précieuse pour naviguer dans des environnements de travail exigeants et dynamiques.

Le voyage que vous êtes sur le point d'entreprendre est à la fois une exploration de vous-même et de vos interactions avec les autres. Préparez-vous à découvrir comment une théorie née des liens parent-enfant peut enrichir chaque aspect de vos relations professionnelles, ouvrant la voie à un environnement de travail véritablement épanouissant.

Chapitre 1 : Fondements de la théorie de l'attachement

1.1 Origines et principes fondamentaux

La théorie de l'attachement trouve ses racines dans les travaux novateurs de John Bowlby, psychologue britannique et psychanalyste, qui, dans les années 1950 et 1960, a introduit une perspective révolutionnaire sur les relations humaines. À travers ses recherches sur les liens précoces entre un enfant et ses figures d'attachement principales, Bowlby a montré que ces interactions étaient essentielles non seulement pour la survie physique de l'enfant, mais aussi pour son développement émotionnel et psychologique. Dans son ouvrage fondateur *Attachment and Loss* (1969), Bowlby définit l'attachement comme un système motivationnel biologique inné visant à assurer la proximité avec un donneur de soin, particulièrement en période de stress ou d'insécurité.

Le cœur de cette théorie réside dans le concept de **base de sécurité**. Bowlby postule que lorsque la figure d'attachement est disponible, sensible et réactive, l'enfant développe un sentiment de sécurité intérieure. Ce sentiment permet à l'enfant d'explorer son environnement tout en sachant qu'il peut retourner vers cette figure pour y trouver réconfort et protection en cas de besoin. En revanche, l'absence de cette sécurité peut engendrer des schémas relationnels dysfonctionnels, qui se prolongent souvent à l'âge adulte.

Ces schémas, que Bowlby appelle les **modèles internes opérants**, sont des représentations mentales des relations, incluant des attentes sur soi-même, les autres, et les interactions. Ces modèles influencent toutes les relations futures, y compris celles dans un cadre professionnel.

1.2 Le système d'attachement dans un contexte élargi

Bien que Bowlby ait initialement étudié l'attachement dans un cadre parent-enfant, ses idées ont rapidement été étendues aux relations adultes. Hazan et Shaver (1987) furent parmi les premiers à appliquer ces concepts aux relations amoureuses, démontrant que les mêmes mécanismes de recherche de proximité, de régulation du stress et de sécurité s'appliquent aux interactions entre partenaires. Ce transfert conceptuel a ouvert la voie à des recherches plus récentes explorant l'influence de l'attachement dans des contextes plus variés, notamment les relations professionnelles.

Dans le cadre du travail, le système d'attachement se manifeste de plusieurs manières. Les collègues, les superviseurs, et même l'organisation elle-même peuvent devenir des figures d'attachement. Par exemple, un employé anxieux peut chercher une validation constante de la part de son supérieur, tandis qu'un employé évitant peut éviter les interactions sociales ou les feedbacks directs. Ces comportements, bien que souvent inconscients, sont enracinés dans les modèles internes opérants développés pendant l'enfance.

1.3 Les quatre styles d'attachement : une taxonomie des comportements relationnels

Les recherches ultérieures ont affiné la compréhension des styles d'attachement adultes, les classant en quatre catégories principales : **sécurisé**, **anxieux**, **évitant**, et **désorganisé**. Ces styles, largement explorés par Bartholomew et Horowitz (1991), offrent une grille de lecture puissante pour analyser les comportements au travail.

1. **Style sécurisé :** Les individus sécurisés ont une vision positive d'eux-mêmes et des autres. Ils sont à l'aise dans les relations interpersonnelles et savent demander de l'aide lorsque nécessaire. Au travail, ils sont souvent perçus comme des collaborateurs fiables, capables de construire des relations professionnelles harmonieuses.

2. **Style anxieux :** Les personnes anxieuses ont une forte peur de l'abandon et cherchent constamment à obtenir l'approbation des autres. Dans un contexte professionnel, cela peut se traduire par une recherche excessive de validation ou une difficulté à gérer les critiques.

3. **Style évitant :** Les individus évitants privilégient l'autonomie et ont tendance à minimiser l'importance des relations. Ils peuvent être perçus comme distants ou difficiles à approcher, évitant souvent les discussions émotionnelles ou les conflits.

4. **Style désorganisé :** Ce style, moins fréquent, est caractérisé par une combinaison de comportements anxieux et évitants, souvent liés à des expériences traumatiques. Dans le milieu professionnel, ces individus peuvent osciller entre des comportements d'hyper-connexion et d'isolement.

Ces styles, bien qu'ancrés, ne sont pas immuables. Une partie importante de ce livre explorera comment les individus peuvent évoluer vers des schémas plus sécurisés grâce à une prise de conscience et des stratégies adaptées.

1.4 Vers une intégration dans le cadre professionnel

Le passage de la théorie de l'attachement à son application dans le milieu de travail repose sur une idée clé : les relations professionnelles, bien qu'axées sur des objectifs et des performances, sont également des espaces où les besoins émotionnels fondamentaux sont activés. Kahn (1990) a introduit le concept de sécurité psychologique, soulignant que les employés se sentent plus engagés et performants lorsqu'ils peuvent exprimer librement leurs idées et émotions sans craindre des conséquences négatives. Cette sécurité psychologique est profondément liée aux principes de la théorie de l'attachement, car elle repose sur la création d'un environnement perçu comme sûr et soutenant.

Des recherches ultérieures, comme celles d'Edmondson (1999), ont renforcé ce lien, montrant que les équipes dotées d'une sécurité émotionnelle élevée non seulement collaborent plus efficacement, mais sont également plus innovantes et résilientes face aux défis.

1.5 Le rôle des modèles internes opérants dans les relations professionnelles

Les modèles internes opérants, concept central de la théorie de Bowlby, jouent un rôle crucial dans la manière dont les individus interagissent dans un contexte professionnel. Ces modèles, qui se forment sur la base des expériences relationnelles passées, influencent la perception des autres et la réaction face aux situations sociales. Dans le cadre professionnel, ils peuvent déterminer comment un employé perçoit les intentions de ses collègues, interprète un feedback ou gère une situation de conflit.

Par exemple, un individu avec un modèle interne anxieux peut avoir tendance à percevoir une critique constructive comme un rejet personnel, ce qui peut générer une réponse émotionnelle disproportionnée. À l'inverse, une personne ayant un modèle évitant pourrait éviter les confrontations en minimisant l'importance des interactions relationnelles, même si cela entrave la résolution du problème. Les styles d'attachement, bien que formés durant l'enfance, ne se limitent donc pas aux relations intimes, mais affectent de manière significative la dynamique organisationnelle.

Des études comme celles de Richards et Schat (2011) montrent que les employés ayant un style sécurisé sont mieux équipés pour maintenir des relations professionnelles saines. Ils perçoivent les conflits comme des opportunités de croissance et sont capables de naviguer les tensions interpersonnelles avec assurance. En revanche, les styles anxieux et évitants sont corrélés à des niveaux plus élevés de stress et à une satisfaction professionnelle réduite, soulignant la nécessité de comprendre et d'aborder ces schémas.

1.6 Pourquoi intégrer la théorie de l'attachement au travail ?

La théorie de l'attachement offre un cadre unique pour comprendre les comportements humains dans des environnements complexes, où les relations interpersonnelles jouent un rôle clé dans la performance collective. En milieu professionnel, où les interactions sont souvent sous-tendues par des hiérarchies, des objectifs conflictuels et des pressions externes, la sécurité émotionnelle devient un élément essentiel pour la réussite individuelle et organisationnelle.

Les recherches de Mikulincer et Shaver (2007) soulignent que le système d'attachement est activé dans des situations de stress ou d'incertitude, comme lors de changements organisationnels ou de conflits interpersonnels. Dans de tels contextes, les individus se tournent vers leurs figures d'attachement perçues, qui peuvent être un supérieur, un mentor ou même l'organisation elle-même. Si ces figures sont perçues comme fiables et soutenantes, elles peuvent atténuer le stress et favoriser une réponse adaptative. En revanche, une absence de soutien ou une perception d'indifférence peut exacerber l'insécurité et la détresse.

Cette perspective est particulièrement pertinente dans un monde du travail en mutation rapide, où les employés sont confrontés à des niveaux de stress élevés et à des défis relationnels constants. Comprendre les dynamiques d'attachement permet non seulement de mieux répondre aux besoins émotionnels des individus, mais aussi de créer des environnements de travail qui favorisent la collaboration, la résilience et l'engagement.

1.7 Vers une perspective systémique

Enfin, la théorie de l'attachement ne doit pas être vue uniquement comme un outil d'analyse individuelle, mais comme une perspective systémique. Dans une organisation, les styles d'attachement individuels interagissent pour créer des dynamiques de groupe complexes. Par exemple, une équipe composée majoritairement d'individus évitants pourrait avoir du mal à établir des liens de confiance, tandis qu'un groupe incluant plusieurs membres anxieux pourrait être marqué par des tensions accrues et des malentendus fréquents.

Les leaders jouent un rôle central dans la régulation de ces dynamiques. Leur propre style d'attachement peut influencer la manière dont ils perçoivent et gèrent les conflits, soutiennent leurs équipes ou établissent des relations de confiance. Des études comme celles de Davidovitz et al. (2007) montrent que les leaders ayant un style d'attachement sécurisé sont plus susceptibles d'inspirer leurs équipes et de promouvoir un environnement de travail sain.

L'application de la théorie de l'attachement dans un cadre professionnel invite donc à une réflexion non seulement sur les individus, mais aussi sur les structures organisationnelles et les cultures d'entreprise. Elle appelle à la création de politiques et de pratiques qui reconnaissent et soutiennent les besoins émotionnels des employés, ouvrant la voie à des organisations plus humaines et résilientes.

Chapitre 2 : Identifier et comprendre les styles d'attachement au travail

2.1 Les styles d'attachement : une cartographie des schémas relationnels

La compréhension des styles d'attachement est essentielle pour analyser les dynamiques relationnelles dans le cadre professionnel. Ces styles, développés dans les premières années de vie à travers les interactions avec les figures d'attachement principales, influencent la manière dont une personne interprète les relations et répond aux situations interpersonnelles. Dans un contexte professionnel, ils dictent souvent la manière dont un individu collabore, gère les conflits, et cherche à établir un équilibre entre autonomie et connexion.

La taxonomie dominante identifie quatre principaux styles d'attachement : **sécurisé**, **anxieux**, **évitant**, et **désorganisé**(Bartholomew & Horowitz, 1991). Bien qu'originellement développée pour comprendre les relations personnelles, cette classification s'avère tout aussi pertinente dans les interactions professionnelles.

2.2 Le style sécurisé : un atout pour la collaboration

Les individus ayant un style d'attachement sécurisé sont caractérisés par une confiance dans leurs propres capacités et une vision positive des relations avec les autres. Ils se sentent à l'aise pour demander de l'aide et offrir leur soutien, ce qui leur permet de maintenir des relations professionnelles stables et collaboratives.

Dans un environnement de travail, ces individus ont tendance à :

- Favoriser la coopération et le partage d'idées.
- Être ouverts aux feedbacks constructifs sans se sentir menacés.

- Naviguer efficacement les conflits en adoptant une approche empathique et orientée vers la résolution.

Recherche associée : Des études comme celles de Mikulincer et Shaver (2007) montrent que les styles sécurisés sont corrélés à des niveaux plus élevés de satisfaction professionnelle et à une meilleure résilience face au stress. Leur capacité à réguler leurs émotions contribue également à maintenir un climat de travail harmonieux.

2.3 Le style anxieux : l'hyperactivation des besoins relationnels

Les individus ayant un style d'attachement anxieux se caractérisent par une peur prononcée du rejet et un besoin constant de validation. Ces schémas relationnels, bien que souvent inconscients, peuvent engendrer des comportements qui perturbent la dynamique d'équipe.

Dans un cadre professionnel, les individus anxieux peuvent :

- Surinterpréter les critiques ou les absences de reconnaissance, en les percevant comme des signes de rejet.
- Rechercher une validation excessive auprès de leurs collègues ou supérieurs.
- Avoir des difficultés à travailler de manière autonome, préférant des interactions fréquentes pour se rassurer.

Impact organisationnel : Ces comportements peuvent entraîner une surcharge émotionnelle pour les équipes ou les managers, surtout si ces derniers ne comprennent pas les besoins sous-jacents de ces employés. Cependant, avec un soutien approprié, les individus anxieux peuvent canaliser leur sensibilité vers des contributions positives, notamment dans des rôles où l'empathie et la communication sont essentielles.

Recherche associée : Mikulincer et Florian (1998) ont montré que les styles anxieux sont souvent liés à des niveaux plus élevés de stress au travail, en partie en raison d'une interprétation négative des signaux sociaux ambigus.

2.4 Le style évitant : une quête d'autonomie

Les individus avec un style évitant privilégient l'autonomie et tendent à minimiser l'importance des relations interpersonnelles. Bien qu'ils soient souvent perçus comme indépendants et performants dans des contextes où le travail individuel est valorisé, leur réticence à s'engager émotionnellement peut poser des défis dans les environnements collaboratifs.

Au travail, ces individus peuvent :

- Éviter les discussions émotionnelles ou les confrontations, ce qui peut retarder la résolution des conflits.
- Diminuer la portée des relations interpersonnelles, les considérant comme secondaires par rapport aux résultats.
- Être perçus comme distants ou peu accessibles par leurs collègues.

Recherche associée : Bartholomew et Horowitz (1991) ont observé que les styles évitants sont souvent corrélés à une résistance au feedback et à une faible satisfaction dans des environnements où les relations interpersonnelles sont essentielles.

Opportunités : Bien qu'ils aient tendance à éviter l'intimité émotionnelle, ces individus peuvent exceller dans des rôles nécessitant une prise de décision rationnelle et une indépendance. Lorsqu'ils apprennent à reconnaître l'importance des relations, ils peuvent équilibrer leur besoin d'autonomie avec une connexion constructive aux autres.

2.5 Le style désorganisé : une complexité émotionnelle

Le style désorganisé, moins fréquent mais souvent plus complexe, est caractérisé par une oscillation entre des comportements anxieux et évitants. Ces individus peuvent éprouver des difficultés à naviguer dans des relations professionnelles en raison de la contradiction entre leur désir de connexion et leur peur d'être blessés ou rejetés.

Dans un environnement de travail, cela peut se manifester par :

- Une imprévisibilité dans les interactions avec les collègues ou les supérieurs.
- Une tendance à alterner entre des périodes d'hyper-engagement et de retrait.
- Une sensibilité accrue au stress, en particulier dans des environnements perçus comme menaçants.

Recherche associée : Des études comme celles de Lyons-Ruth et Jacobvitz (1999) soulignent que les individus ayant un style désorganisé sont plus susceptibles de ressentir des niveaux élevés d'anxiété au travail, ce qui peut affecter leur performance et leur engagement.

Gestion et soutien : Les leaders et les équipes doivent faire preuve d'une empathie et d'une patience accrues pour soutenir ces individus, tout en favorisant un environnement où ils se sentent en sécurité pour exprimer leurs préoccupations.

2.6 Identifier les styles d'attachement dans un cadre professionnel

Dans cette section, nous explorerons des outils concrets pour aider les individus et les managers à reconnaître les styles d'attachement au sein de leur organisation. Cela inclut :

- **L'échelle ECR-R (Experiences in Close Relationships - Revised)** : Adaptée au contexte professionnel, cette échelle permet de mesurer les dimensions d'anxiété et d'évitement dans les relations.
- **Observations comportementales :** Comment les interactions quotidiennes (réactions aux critiques, préférences pour l'autonomie, demandes de validation) peuvent révéler les schémas sous-jacents.

Des études de cas illustreront également comment identifier et répondre efficacement aux besoins relationnels en fonction des différents styles.

2.7 Études de cas : Identifier les styles d'attachement en pratique

Pour illustrer l'application des concepts discutés, examinons deux études de cas fictives mais réalistes qui montrent comment les styles d'attachement se manifestent dans un environnement professionnel et comment ils peuvent être gérés efficacement.

Étude de cas 1 : Le collaborateur anxieux face à un manager évitant

Contexte : Sophie est une collaboratrice hautement qualifiée mais ayant un style d'attachement anxieux. Elle travaille sous la supervision de Marc, un manager expérimenté avec un style d'attachement évitant. Sophie a tendance à envoyer des e-mails fréquents à Marc pour obtenir une validation sur ses tâches, ce qui provoque de l'irritation chez Marc, qui préfère une approche autonome. En réponse, Marc limite ses interactions avec Sophie, renforçant son sentiment de rejet et exacerbant son besoin de validation.

Analyse : Cette situation met en évidence un conflit typique entre des styles anxieux et évitants. Sophie cherche une proximité émotionnelle et une validation constante, tandis que Marc minimise l'importance des interactions pour préserver son autonomie. Ce cycle d'hyperactivation et de désactivation des besoins relationnels crée une tension croissante.

Solution : Une intervention efficace nécessite une communication ouverte et des ajustements des attentes. Marc pourrait fixer des moments réguliers de feedback structuré pour répondre aux besoins de Sophie, tout en expliquant ses préférences en matière d'autonomie. Sophie, de son côté, pourrait apprendre à gérer ses attentes et à développer des stratégies pour renforcer sa confiance en elle, telles que des exercices d'auto-renforcement.

Étude de cas 2 : Une équipe avec un leader désorganisé

Contexte : Jérôme, un responsable d'équipe, présente des caractéristiques d'attachement désorganisé. Bien qu'il soit motivé et compétent, il a tendance à osciller entre des périodes de microgestion intense et de retrait complet. Ses employés se sentent souvent confus par son comportement imprévisible, ce qui affecte leur moral et leur productivité.

Analyse : Le style désorganisé de Jérôme reflète une difficulté à maintenir une régulation émotionnelle stable. Ses comportements contradictoires sont perçus comme un manque de cohérence et de fiabilité, ce qui nuit à la sécurité psychologique de son équipe.

Solution : Jérôme pourrait bénéficier d'un accompagnement professionnel, comme le coaching ou la thérapie, pour travailler sur sa régulation émotionnelle et sur la reconnaissance de ses schémas relationnels. À court terme, l'établissement de routines claires et de canaux de communication transparents peut atténuer l'impact de son comportement sur son équipe.

2.8 Stratégies pour travailler avec les différents styles d'attachement

Travailler efficacement avec des individus présentant différents styles d'attachement exige une compréhension des besoins spécifiques associés à chaque style. Voici des recommandations générales pour les managers et collègues :

- **Style sécurisé :** Encourager leur rôle de médiateurs et leur capacité à stabiliser les dynamiques d'équipe. Ils peuvent être des alliés précieux pour promouvoir la collaboration.
- **Style anxieux :** Fournir un feedback régulier et structuré pour répondre à leur besoin de validation, tout en les aidant à développer leur autonomie.

- **Style évitant :** Respecter leur besoin d'indépendance tout en encourageant une implication progressive dans les interactions d'équipe.
- **Style désorganisé :** Créer un environnement structuré et prévisible pour réduire leur stress, tout en offrant un soutien personnalisé pour gérer leur imprévisibilité.

Ces stratégies peuvent être complétées par des interventions organisationnelles, telles que des programmes de formation sur la communication empathique ou des politiques favorisant la sécurité émotionnelle.

Chapitre 3 : L'impact des styles d'attachement sur la communication et la collaboration

3.1 La communication au prisme de l'attachement : une introduction conceptuelle

La communication est l'épine dorsale de toute relation professionnelle. Pourtant, la manière dont les messages sont émis, reçus et interprétés varie considérablement selon les schémas relationnels sous-jacents des individus. La théorie de l'attachement offre un cadre essentiel pour comprendre ces variations. Les modèles internes opérants façonnent non seulement ce que nous disons, mais aussi comment nous percevons et répondons aux signaux émis par les autres. En milieu professionnel, ces dynamiques deviennent critiques, car elles influencent la collaboration, la résolution de problèmes et, en fin de compte, la performance organisationnelle.

3.2 Les styles d'attachement et leurs biais communicationnels

Chaque style d'attachement présente des biais spécifiques qui affectent les échanges interpersonnels au travail. Ces biais, souvent inconscients, peuvent compliquer la collaboration, en particulier dans des environnements où les tensions ou les malentendus sont fréquents.

Style sécurisé : Une communication équilibrée

- **Caractéristiques :** Les individus ayant un style sécurisé communiquent de manière ouverte et équilibrée. Ils sont à l'aise pour exprimer leurs besoins et écouter ceux des autres.
- **Forces :** Leur capacité à gérer les désaccords sans les percevoir comme des attaques personnelles est un atout majeur. Ils favorisent un climat de confiance où les idées peuvent circuler librement.
- **Limites potentielles :** Bien qu'ils soient généralement efficaces, ils peuvent avoir du mal à naviguer les interactions

avec des collègues ayant des styles anxieux ou évitants, qui interprètent souvent les messages de manière plus subjective.

Style anxieux : Une sensibilité accrue aux signaux sociaux

- **Caractéristiques :** Les personnes anxieuses ont tendance à hyperanalyser les interactions et à chercher des indices de validation ou de rejet dans les messages qu'elles reçoivent.
- **Forces :** Leur sensibilité peut être un atout dans des contextes où l'écoute active et l'empathie sont essentielles.
- **Défis :** Cette sensibilité peut également conduire à des malentendus, notamment lorsque des signaux ambigus ou neutres sont perçus comme négatifs. Par exemple, une absence de réponse rapide à un e-mail peut être interprétée comme une désapprobation implicite.

Style évitant : Une minimisation des interactions émotionnelles

- **Caractéristiques :** Les individus évitants préfèrent limiter les échanges émotionnels et privilégient des communications factuelles et concises.
- **Forces :** Leur capacité à se concentrer sur les faits et les objectifs peut être bénéfique dans des contextes nécessitant une prise de décision rationnelle.
- **Défis :** Leur tendance à éviter les discussions émotionnelles ou conflictuelles peut entraver la résolution de problèmes relationnels. De plus, ils peuvent être perçus comme froids ou insensibles par leurs collègues.

Style désorganisé : Une imprévisibilité dans les échanges

- **Caractéristiques :** Les individus désorganisés oscillent souvent entre des comportements anxieux et évitants, ce qui peut rendre leur communication imprévisible.
- **Forces :** Leur capacité à se connecter émotionnellement, lorsqu'elle est bien gérée, peut enrichir les relations professionnelles.

- **Défis :** Leur instabilité peut déstabiliser les équipes, surtout lorsque leurs réactions sont perçues comme incohérentes ou excessives.

3.3 La collaboration au prisme de l'attachement

La collaboration exige un échange fluide d'idées et une confiance mutuelle, deux éléments fortement influencés par les styles d'attachement. Les équipes hétérogènes, composées de membres aux styles d'attachement variés, peuvent rencontrer des défis spécifiques mais aussi tirer parti de leurs divers atouts.

Les dynamiques collaboratives dans des équipes diversifiées

- **Sécurisé :** Les membres sécurisés jouent souvent un rôle de stabilisateurs dans les équipes, aidant à naviguer les tensions et à maintenir une communication ouverte.
- **Anxieux :** Bien qu'ils puissent être perçus comme trop exigeants émotionnellement, leur sensibilité peut renforcer la cohésion en favorisant des discussions plus approfondies sur les besoins de l'équipe.
- **Évitant :** Leur capacité à garder une certaine distance émotionnelle peut être bénéfique dans des situations stressantes, mais elle peut également limiter leur engagement dans des discussions collaboratives.
- **Désorganisé :** Ces membres peuvent apporter une perspective unique grâce à leur sensibilité émotionnelle, mais leur imprévisibilité nécessite une gestion proactive.

Recherche associée : Des études comme celles de Frazier et Tupper (2018) montrent que les équipes ayant un mélange équilibré de styles d'attachement fonctionnent souvent mieux, car elles peuvent combiner la stabilité des individus sécurisés, la sensibilité des anxieux et la rationalité des évitants.

3.4 Techniques pour améliorer la communication et la collaboration

Pour surmonter les défis posés par les différences de styles d'attachement, il est essentiel de mettre en place des stratégies spécifiques qui favorisent une communication claire et une collaboration harmonieuse.

1. Renforcer la clarté dans les échanges

- Utiliser des messages explicites pour éviter les malentendus, en particulier avec des individus anxieux ou désorganisés.
- Encourager les feedbacks constructifs et réguliers pour répondre aux besoins de validation des styles anxieux.

2. Adapter les interactions selon les styles

- Offrir un espace d'autonomie pour les styles évitants tout en maintenant un canal de communication ouvert.
- Reconnaître et valider les préoccupations des styles anxieux pour réduire leur stress.

3. Créer un cadre de sécurité émotionnelle

- Favoriser un environnement où chacun se sent à l'aise pour exprimer ses idées sans crainte de jugement. Edmondson (1999) souligne que la sécurité émotionnelle est un facteur clé de la performance des équipes.

4. Former les leaders à la compréhension des styles d'attachement

- Proposer des formations sur la gestion des dynamiques relationnelles pour aider les leaders à reconnaître et répondre efficacement aux besoins émotionnels de leurs équipes.

3.5 Études de cas : Collaborer malgré les différences

Étude de cas 1 : Un projet d'équipe multidisciplinaire Dans une équipe composée de membres aux styles variés, un manager sécurisé utilise des techniques de communication adaptées pour naviguer les tensions et maximiser les contributions de chaque membre.

Étude de cas 2 : Résolution d'un conflit entre collègues Deux collègues, l'un anxieux et l'autre évitant, apprennent à collaborer grâce à une intervention médiée qui met en lumière leurs besoins émotionnels respectifs.

3.6 Études de cas : Applications concrètes

Les études de cas permettent de visualiser comment les principes discutés peuvent être appliqués dans des contextes réels. Voici deux exemples illustrant les défis et solutions liés aux dynamiques d'attachement dans un cadre collaboratif.

Étude de cas 1 : Un projet d'équipe multidisciplinaire

Contexte : Une entreprise technologique lance un projet impliquant plusieurs départements. L'équipe est composée de six membres ayant des styles d'attachement variés. Clara, la chef de projet, adopte une approche de leadership transformationnel et vise à aligner les contributions de chacun. Parmi les membres de l'équipe, Julie, ayant un style anxieux, s'inquiète constamment de l'avis des autres, tandis que Marc, évitant, reste distant et minimise l'importance des discussions collaboratives.

Problématique : Les réunions deviennent tendues. Julie monopolise la parole pour obtenir une validation, ce qui irrite Marc, qui souhaite des échanges courts et efficaces. Les autres membres de l'équipe commencent à se sentir frustrés par ces dynamiques.

Intervention : Clara décide de structurer les réunions avec des règles claires : chaque membre dispose d'un temps limité pour s'exprimer, suivi d'un feedback collectif. Pour répondre aux besoins de Julie, elle propose des sessions de feedback individuelles. Avec Marc, elle introduit des outils de collaboration asynchrones, comme des rapports écrits, qui respectent son besoin d'autonomie tout en le maintenant impliqué.

Résultats : Cette approche structurée réduit les tensions et améliore la communication. Julie se sent soutenue sans être perçue comme intrusive, et Marc contribue activement grâce à des formats adaptés.

Étude de cas 2 : Résolution d'un conflit entre collègues

Contexte : Dans une agence de marketing, Émilie (anxieuse) et Thomas (évitant) travaillent sur une campagne publicitaire. Émilie perçoit le comportement réservé de Thomas comme un manque d'implication, ce qui amplifie son besoin de contrôle. En réponse, Thomas devient encore plus distant, considérant l'attitude d'Émilie comme une ingérence excessive.

Problématique : La tension atteint son paroxysme lorsque Thomas ignore une série de messages de suivi envoyés par Émilie. Le conflit commence à affecter la qualité de leur travail.

Intervention : Le manager organise une médiation. Lors de la séance, il utilise un cadre de communication non violente (Rosenberg, 2003) pour permettre à chacun d'exprimer ses perceptions et besoins. Émilie apprend que le silence de Thomas n'est pas un rejet personnel, mais une manière de gérer son stress. Thomas, de son côté, comprend que répondre brièvement aux demandes d'Émilie pourrait suffire à apaiser ses inquiétudes.

Résultats : Une meilleure compréhension mutuelle émerge. Le manager propose des ajustements simples, comme une réunion hebdomadaire pour clarifier les attentes et un canal de communication clair pour les urgences. La collaboration reprend sur des bases plus solides.

Chapitre 4 : Attachement et leadership : Être un leader conscient et efficace

4.1 Pourquoi le leadership est influencé par l'attachement

Le leadership, au-delà des compétences techniques ou stratégiques, repose avant tout sur la capacité à établir des relations de confiance, à inspirer les autres et à gérer des dynamiques émotionnelles complexes. Les leaders, tout comme les membres de leur équipe, portent en eux des schémas relationnels façonnés par leur style d'attachement. Ces schémas influencent leur manière de communiquer, de prendre des décisions, et de gérer les conflits ou les incertitudes.

Les recherches de Popper et Mayseless (2003) montrent que les leaders ayant un style d'attachement sécurisé ont une plus grande capacité à mobiliser leurs équipes, car ils projettent une image de confiance et de stabilité. En revanche, les leaders avec des styles anxieux ou évitants peuvent rencontrer des difficultés à établir des relations solides, ce qui peut limiter leur efficacité dans des contextes de stress ou de collaboration intensive. Ce chapitre explore comment les styles d'attachement influencent les comportements de leadership et propose des stratégies pour devenir un leader plus conscient et efficace.

4.2 Les styles d'attachement et les comportements de leadership

Style sécurisé : Le leader équilibré

- **Caractéristiques principales :** Les leaders sécurisés ont une vision positive d'eux-mêmes et des autres. Ils sont à l'aise avec la délégation, savent écouter activement et prennent des décisions équilibrées.

- **Impact sur l'équipe :** Ils créent un environnement où les membres se sentent en sécurité pour s'exprimer et prendre des risques, favorisant la créativité et l'innovation.
- **Exemple :** Un leader sécurisé, confronté à un conflit d'équipe, prend le temps d'écouter toutes les parties impliquées avant de proposer une solution équitable, renforçant ainsi la confiance collective.

Style anxieux : Le leader hyper-présent

- **Caractéristiques principales :** Les leaders anxieux cherchent souvent la validation de leur équipe et peuvent avoir du mal à déléguer par peur de perdre le contrôle.
- **Impact sur l'équipe :** Bien qu'ils soient souvent très impliqués, leur besoin constant de retour peut créer une atmosphère de pression émotionnelle. Ils peuvent également avoir du mal à gérer les critiques.
- **Exemple :** Un leader anxieux peut solliciter fréquemment l'avis de son équipe, au point de ralentir le processus décisionnel, ou réagir de manière excessive à des retours négatifs perçus comme un rejet personnel.

Style évitant : Le leader distant

- **Caractéristiques principales :** Les leaders évitants préfèrent minimiser les interactions émotionnelles et se concentrer sur les résultats. Ils peuvent éviter les discussions difficiles ou les retours critiques.
- **Impact sur l'équipe :** Leur manque de connexion émotionnelle peut être perçu comme un désintérêt, ce qui peut démotiver les membres de l'équipe.
- **Exemple :** Un leader évitant pourrait ignorer un conflit interpersonnel persistant dans son équipe, espérant qu'il se résolve de lui-même, ce qui aggrave les tensions.

Style désorganisé : Le leader imprévisible

- **Caractéristiques principales :** Les leaders désorganisés oscillent entre des comportements anxieux et évitants, ce qui peut créer une imprévisibilité dans leur style de gestion.
- **Impact sur l'équipe :** Leur manque de cohérence peut générer de l'insécurité au sein de l'équipe, qui ne sait pas à quoi s'attendre.
- **Exemple :** Un leader désorganisé pourrait tour à tour micromanager son équipe, puis se retirer complètement, créant un climat d'instabilité.

4.3 Le rôle des leaders dans la sécurité émotionnelle

Les leaders jouent un rôle central dans la création d'un environnement de travail sûr, où les employés se sentent à l'aise pour s'exprimer, prendre des risques et collaborer. Amy Edmondson (1999) a introduit le concept de **sécurité psychologique**, montrant que les équipes où les membres se sentent émotionnellement en sécurité sont plus innovantes et performantes.

Les leaders sécurisés, grâce à leur capacité à établir des relations de confiance, sont particulièrement bien placés pour promouvoir cette sécurité psychologique. En revanche, les leaders anxieux ou évitants peuvent, involontairement, créer un environnement marqué par la méfiance ou la retenue, limitant ainsi le potentiel de leurs équipes.

4.4 Devenir un leader conscient et efficace

Pour devenir un leader plus efficace, il est essentiel de :

1. **Reconnaître son propre style d'attachement :** Les leaders doivent d'abord identifier leurs schémas relationnels pour comprendre comment ils influencent leur comportement au travail.

   - **Outil recommandé :** L'échelle Experiences in Close Relationships (ECR-R), adaptée pour évaluer les dimensions d'anxiété et d'évitement dans les relations professionnelles.

29

2. **Travailler sur ses points faibles :**

   - Les leaders anxieux peuvent bénéficier de techniques de régulation émotionnelle, telles que la méditation ou la pleine conscience, pour gérer leur besoin de validation.
   - Les leaders évitants pourraient s'entraîner à engager des discussions plus ouvertes avec leur équipe, en commençant par des feedbacks constructifs.

3. **Promouvoir la sécurité émotionnelle :**

   - Établir des routines de feedback régulières pour créer un cadre prévisible et rassurant.
   - Encourager la transparence et la vulnérabilité constructive, en montrant que le leader lui-même est prêt à reconnaître ses erreurs ou à partager ses préoccupations.

4. **Développer une vision collaborative :**

   - Intégrer des pratiques comme la co-construction des décisions ou la facilitation des discussions pour maximiser l'engagement des membres de l'équipe.

4.5 Études de cas : Leadership et attachement

Étude de cas 1 : Le manager évitant dans une équipe collaborative Contexte : Paul, un manager technique avec un style évitant, supervise une équipe chargée de développer une nouvelle application. Bien que compétent sur le plan technique, il minimise les réunions d'équipe et évite les discussions émotionnelles, ce qui laisse ses collaborateurs incertains quant à ses attentes.

Intervention : Paul commence à instaurer des points de contact hebdomadaires pour clarifier les objectifs et recueillir des retours. Il utilise également des outils asynchrones pour éviter les échanges trop intensifs tout en restant accessible.

Résultats : La communication s'améliore, et l'équipe se sent plus alignée sur les priorités.

Chapitre 5 : Gestion des conflits et des relations difficiles dans un cadre professionnel

5.1 Les conflits au prisme de l'attachement

Les conflits sont inévitables dans un cadre professionnel, car ils émergent souvent de différences de priorités, de perspectives ou de besoins. Cependant, la manière dont les individus gèrent ces conflits varie considérablement en fonction de leurs styles d'attachement. En activant les modèles internes opérants, les situations conflictuelles résonnent souvent avec des schémas relationnels ancrés dans l'enfance. Ce chapitre explore comment les styles d'attachement influencent les réponses aux conflits et propose des stratégies basées sur la théorie de l'attachement pour gérer efficacement ces tensions.

5.2 Les styles d'attachement et leurs réponses typiques aux conflits

Style sécurisé : Une approche équilibrée

- **Caractéristiques :** Les individus ayant un style sécurisé abordent généralement les conflits avec calme et rationalité. Ils sont capables de distinguer les désaccords professionnels des attaques personnelles.
- **Comportement typique :** Ils cherchent à comprendre le point de vue de l'autre, expriment leurs propres préoccupations clairement et collaborent pour trouver une solution mutuellement acceptable.
- **Impact :** Ces comportements favorisent des résolutions rapides et constructives, renforçant la confiance au sein des équipes.

Style anxieux : Une tendance à l'hyperactivation

- **Caractéristiques :** Les individus anxieux perçoivent souvent les conflits comme des menaces importantes pour leurs relations professionnelles. Cela peut amplifier leur stress et leur besoin de validation.

- **Comportement typique :** Ils peuvent adopter des stratégies de sur-communication, insistant sur leurs points de vue ou cherchant à obtenir une validation émotionnelle excessive.
- **Impact :** Ces réactions peuvent intensifier le conflit si leurs collègues perçoivent leur comportement comme envahissant ou disproportionné.

Style évitant : Une tendance à la minimisation

- **Caractéristiques :** Les individus évitants préfèrent éviter les conflits en minimisant leur importance ou en se retirant des discussions.
- **Comportement typique :** Ils peuvent ignorer les tensions ou refuser de s'engager dans des discussions difficiles, espérant que le problème se résolve de lui-même.
- **Impact :** Cette approche peut prolonger ou aggraver les conflits, car les problèmes sous-jacents ne sont pas abordés de manière directe.

Style désorganisé : Une imprévisibilité dans les réponses

- **Caractéristiques :** Les individus désorganisés oscillent entre des comportements anxieux et évitants, ce qui peut rendre leur réponse aux conflits imprévisible.
- **Comportement typique :** Ils peuvent réagir de manière excessive dans certaines situations, tout en évitant d'autres problèmes par crainte de l'escalade.
- **Impact :** Leur instabilité peut perturber les dynamiques d'équipe, car leurs collègues ne savent pas à quoi s'attendre.

5.3 Comprendre les mécanismes sous-jacents des conflits liés à l'attachement

Les conflits activent souvent des mécanismes émotionnels profonds, qui vont au-delà de la situation immédiate. Selon Mikulincer et Shaver

(2007), les styles d'attachement influencent la manière dont les individus perçoivent les intentions des autres et interprètent les interactions sociales. Par exemple :

- Une critique constructive peut être perçue comme un rejet personnel par un individu anxieux.
- Une demande de collaboration peut être interprétée comme une intrusion par un individu évitant.

Ces perceptions biaisées, enracinées dans des schémas d'attachement, peuvent compliquer la résolution des conflits, surtout si les parties impliquées ne reconnaissent pas leurs propres réactions émotionnelles.

5.4 Stratégies pour gérer les conflits au prisme de l'attachement

1. Adapter les stratégies aux styles d'attachement

- **Avec les styles anxieux :** Fournir des assurances explicites sur l'intention constructive de la discussion. Créer un espace sécurisé pour qu'ils puissent exprimer leurs préoccupations sans crainte de jugement.
- **Avec les styles évitants :** Respecter leur besoin d'autonomie, mais insister sur l'importance de traiter le problème. Utiliser des formats écrits ou asynchrones pour faciliter leur engagement.
- **Avec les styles désorganisés :** Établir des cadres clairs pour les discussions, en veillant à limiter les ambiguïtés qui pourraient déclencher des réactions excessives.

2. Promouvoir la communication non violente (CNV) Introduite par Marshall Rosenberg (2003), la CNV est une méthode efficace pour aborder les conflits de manière constructive. Elle repose sur quatre étapes :

1. Observer sans jugement.
2. Identifier les émotions ressenties.
3. Clarifier les besoins non satisfaits.

4. Formuler des demandes claires et réalisables.

3. Créer un environnement de sécurité émotionnelle Amy Edmondson (1999) souligne que les équipes performantes sont celles où les membres se sentent en sécurité pour exprimer leurs opinions, même en désaccord. Les leaders peuvent encourager cette sécurité en :

- Modélisant une communication ouverte et respectueuse.
- Reconnaissant leurs propres erreurs ou limitations.
- Encouragement des retours réguliers et sincères.

4. Former les équipes à la gestion des conflits Les organisations peuvent organiser des ateliers ou des formations pour sensibiliser leurs employés aux dynamiques relationnelles influencées par l'attachement. Ces sessions peuvent inclure :

- Des exercices de reconnaissance des styles d'attachement.
- Des simulations de résolution de conflits.
- Des techniques pour réguler les émotions dans des situations tendues.

5.5 Études de cas : Conflits liés aux styles d'attachement

Étude de cas 1 : Un conflit entre un manager anxieux et un collaborateur évitant Contexte : Louise, manager anxieuse, interprète le comportement réservé de Mathieu, un collaborateur évitant, comme un manque de respect ou de coopération. Mathieu, de son côté, se sent submergé par les demandes constantes de Louise et évite les interactions directes.

Intervention : Une médiation est organisée, où un cadre structuré permet à Louise d'exprimer ses préoccupations sans accuser Mathieu. Ce dernier est encouragé à partager ses préférences de communication. Le manager et le collaborateur conviennent de points de contact clairs pour éviter les malentendus.

Résultats : Une amélioration significative de la communication et une réduction des tensions.

Chapitre 6 : Construire des relations collaboratives

6.1 L'essence des relations collaboratives

La collaboration est au cœur des environnements professionnels modernes. Elle nécessite non seulement une coordination des compétences techniques, mais aussi une synchronisation des besoins émotionnels et relationnels entre les membres d'une équipe. Cependant, les différences de styles d'attachement peuvent créer des défis significatifs, notamment en matière de communication, de confiance et d'engagement.

Les recherches d'Amy Edmondson (1999) sur la sécurité psychologique montrent que la confiance mutuelle est un facteur clé pour maximiser l'efficacité des équipes. Pourtant, cette confiance ne peut se construire sans une compréhension des mécanismes émotionnels sous-jacents, tels que ceux expliqués par la théorie de l'attachement. Ce chapitre explore comment établir des relations collaboratives en prenant en compte les différences de styles d'attachement, tout en proposant des techniques concrètes pour encourager la coopération et la sécurité émotionnelle.

6.2 Créer une base de confiance mutuelle malgré les différences de styles

La confiance est la pierre angulaire de toute collaboration efficace. Dans un contexte professionnel, elle implique :

- **La fiabilité :** Chaque membre de l'équipe doit croire que les autres rempliront leurs engagements.
- **L'intégrité :** Les membres doivent percevoir un alignement entre les actions et les valeurs de leurs collègues.
- **La bienveillance :** Les intentions des uns envers les autres doivent être perçues comme positives.

Cependant, les styles d'attachement influencent la manière dont les individus perçoivent et accordent leur confiance. Par exemple :

- Les individus sécurisés sont plus enclins à accorder leur confiance de manière générale.
- Les anxieux peuvent être méfiants, surtout s'ils perçoivent un manque de validation émotionnelle.
- Les évitants sont souvent réticents à s'investir émotionnellement, ce qui peut donner l'impression qu'ils ne font pas confiance aux autres.
- Les désorganisés oscillent entre des comportements de dépendance et de retrait, rendant leur approche de la confiance imprévisible.

Stratégies pour construire la confiance :

1. **Clarifier les attentes :** Définir clairement les rôles, responsabilités et objectifs pour réduire les ambiguïtés qui pourraient alimenter les insécurités.
2. **Favoriser une transparence ouverte :** Partager des informations pertinentes pour éviter les malentendus et démontrer une intention collaborative.
3. **Reconnaître les contributions :** Valider les efforts de chaque membre, en particulier pour les individus ayant un style anxieux, qui recherchent souvent une reconnaissance explicite.

Étude de cas : Une équipe hétérogène et la construction de la confiance Dans une équipe composée de membres aux styles variés, le manager met en place une routine hebdomadaire où chaque membre partage ses succès et défis. Cette pratique renforce la transparence et encourage une reconnaissance mutuelle.

6.3 Techniques pour encourager la coopération et la sécurité émotionnelle

1. Créer un environnement inclusif

- **Objectif :** S'assurer que tous les membres se sentent valorisés, indépendamment de leurs différences personnelles ou professionnelles.
- **Actions :**
  - Encourager la participation active de tous, y compris des membres évitants, en leur offrant des formats adaptés (ex. : échanges écrits ou préparés à l'avance).
  - Modérer les discussions pour éviter que les individus anxieux monopolisent la parole par besoin de validation.

2. Mettre en place des pratiques collaboratives structurées

- Adopter des outils comme des plateformes collaboratives (ex. : Slack, Trello) pour faciliter le partage des informations tout en respectant les styles d'attachement évitant, qui préfèrent souvent des échanges indirects.
- Organiser des ateliers sur la résolution collective de problèmes, en intégrant des techniques de régulation émotionnelle pour prévenir les tensions.

3. Promouvoir une communication empathique

- Former les équipes à la communication non violente (CNV) pour exprimer clairement leurs besoins et préoccupations.
- Utiliser des exercices pratiques, comme des jeux de rôle, pour comprendre les perspectives des autres styles d'attachement.

4. Renforcer la régulation émotionnelle collective

- Mettre en place des sessions de mindfulness en équipe pour réduire le stress et améliorer la régulation émotionnelle.
- Former les membres à reconnaître les déclencheurs émotionnels liés à leurs styles d'attachement et à adopter des réponses adaptées.

6.4 Études de cas : La collaboration au prisme des styles d'attachement

Étude de cas 1 : Une équipe multidisciplinaire confrontée à des tensions Contexte : Dans une équipe projet, un membre anxieux exprime constamment ses inquiétudes, tandis qu'un membre évitant minimise les problèmes, ce qui crée des tensions. Le manager met en place un cadre structuré pour les réunions, incluant des moments spécifiques pour exprimer les préoccupations et des résolutions collectives des défis identifiés.

Résultat : Cette approche permet aux membres anxieux de se sentir entendus sans submerger les autres, tandis que les membres évitants participent activement grâce à des discussions ciblées.

Étude de cas 2 : La coopération entre départements Contexte : Deux départements d'une entreprise, avec des styles culturels différents, ont du mal à collaborer. L'un privilégie des discussions ouvertes (style anxieux dominant), tandis que l'autre préfère des échanges formalisés (style évitant dominant). Un atelier commun est organisé pour harmoniser leurs pratiques et créer une compréhension mutuelle.

Résultat : Les départements développent des protocoles de communication intégrant les besoins des deux parties, améliorant ainsi leur coopération.

Chapitre 7 : Les styles d'attachement et les comportements de leadership

7.1 L'influence de l'attachement sur le leadership

Le leadership repose sur des qualités relationnelles profondément influencées par les schémas relationnels que les individus développent tout au long de leur vie. La théorie de l'attachement offre un cadre unique pour comprendre ces comportements, en révélant comment les styles d'attachement façonnent les interactions, la gestion des émotions, et la prise de décision des leaders. Les recherches de Popper et Mayseless (2003) soulignent que ces styles jouent un rôle clé dans la manière dont les leaders inspirent, motivent et encadrent leurs équipes. Un leader doté d'un style sécurisé est souvent perçu comme une figure de confiance et de stabilité, alors qu'un style anxieux ou évitant peut compliquer les dynamiques relationnelles, surtout en période de stress ou d'incertitude. Ce chapitre explore ces influences pour mieux comprendre comment les leaders peuvent optimiser leurs relations avec leurs équipes.

7.2 Les styles d'attachement dans les comportements de leadership

Les styles d'attachement déterminent les schémas relationnels des leaders et influencent leurs comportements face à leurs équipes. Un leader au style sécurisé, grâce à une confiance en lui-même et dans les autres, montre une capacité naturelle à écouter, à soutenir et à gérer les conflits de manière constructive. Ce type de leadership inspire confiance et crée un environnement de travail équilibré et harmonieux. En revanche, un leader anxieux peut éprouver des difficultés à déléguer ou à recevoir des critiques, car il interprète souvent les retours négatifs comme un rejet personnel. Cela peut engendrer une gestion excessive des tâches ou une demande accrue de validation, ce qui peut ralentir la dynamique collective.

À l'opposé, un leader évitant préfère minimiser les interactions émotionnelles. En se concentrant sur les résultats et en évitant les discussions sensibles, il peut apparaître distant ou désengagé. Cette approche peut créer une barrière relationnelle, rendant les échanges professionnels strictement transactionnels. Enfin, un leader désorganisé combine souvent des comportements anxieux et évitants, ce qui entraîne des réactions imprévisibles. Alternant entre une microgestion intense et un retrait soudain, ce type de leader peut générer une instabilité émotionnelle au sein des équipes. Ces différents styles montrent que l'efficacité du leadership repose non seulement sur les compétences techniques, mais aussi sur la capacité à établir des relations de confiance et à gérer les émotions dans des contextes complexes.

7.3 Les styles d'attachement et les approches de leadership

Les styles d'attachement influencent également les grandes orientations prises par les leaders dans leur approche du leadership. Ceux dotés d'un style sécurisé adoptent souvent une approche transformationnelle, inspirant et motivant leurs équipes par une vision claire et une attention aux besoins individuels. Ces leaders favorisent des environnements où l'innovation et la collaboration prospèrent. En revanche, les leaders évitants s'orientent plus fréquemment vers des approches transactionnelles, privilégiant les échanges axés sur la performance et les résultats, au détriment des relations interpersonnelles. Les leaders anxieux, souvent confrontés à leur propre insécurité, peuvent développer un style autoritaire pour compenser leur besoin de contrôle, ce qui peut affecter la dynamique collective. Les travaux de Popper et Mayseless (2003) démontrent que les leaders transformationnels, associés à un style sécurisé, obtiennent des résultats organisationnels plus positifs, notamment en termes de satisfaction et d'engagement des employés.

7.4 Devenir un leader conscient de son attachement

Pour devenir un leader conscient et efficace, il est essentiel de comprendre son propre style d'attachement et son impact sur les relations professionnelles. L'identification de ces schémas relationnels peut être facilitée par des outils d'auto-évaluation ou par une réflexion sur les expériences passées. Les leaders peuvent ensuite travailler sur leurs points faibles pour améliorer leur capacité à gérer les émotions et à interagir avec leurs équipes. Un leader anxieux, par exemple, peut apprendre à réguler ses émotions pour diminuer son besoin de validation, tandis qu'un leader évitant peut s'entraîner à engager des discussions plus ouvertes et constructives. La transparence et la cohérence sont des qualités essentielles à développer, car elles renforcent la confiance et la sécurité émotionnelle des équipes. Les leaders doivent également adapter leur comportement aux besoins spécifiques de leurs collaborateurs, en trouvant un équilibre entre autonomie et soutien. Cette démarche, bien qu'exigeante, peut transformer la dynamique relationnelle et améliorer l'efficacité collective.

7.5 Leadership éclairé par l'attachement : Études de cas

Les exemples concrets permettent de mieux comprendre comment les styles d'attachement se traduisent dans le leadership et comment ils peuvent être modifiés pour améliorer les dynamiques relationnelles. Dans un premier cas, un leader anxieux, ayant tendance à micromanager, parvient à équilibrer son besoin de contrôle avec une meilleure délégation après avoir suivi une formation en régulation émotionnelle. Cette évolution améliore la confiance et l'autonomie de son équipe, qui se sent davantage responsabilisée. Dans un autre cas, un leader évitant, souvent perçu comme distant par ses collaborateurs, apprend à instaurer des routines de communication proactive. En clarifiant ses attentes et en montrant une disponibilité accrue, il parvient à renforcer la cohésion et la motivation de son équipe. Ces exemples montrent que, quel que soit le style d'attachement d'un leader, des ajustements ciblés peuvent transformer l'impact de son leadership.

Chapitre 8 : Devenir un leader émotionnellement intelligent

8.1 L'importance de l'intelligence émotionnelle dans le leadership

Le concept d'intelligence émotionnelle, popularisé par Daniel Goleman dans les années 1990, souligne l'importance des compétences émotionnelles dans la réussite des relations interpersonnelles, en particulier dans les environnements de travail. En leadership, ces compétences sont essentielles pour inspirer, motiver, et gérer les équipes avec empathie et efficacité. La théorie de l'attachement enrichit cette perspective en montrant comment les styles relationnels des leaders influencent leur capacité à naviguer dans les dynamiques émotionnelles complexes. Devenir un leader émotionnellement intelligent ne signifie pas seulement maîtriser ses propres émotions, mais aussi comprendre et répondre aux besoins émotionnels des membres de son équipe.

Les leaders dotés d'une intelligence émotionnelle élevée sont plus aptes à construire des environnements de travail collaboratifs et sécurisants, où la performance collective peut s'épanouir. Ce chapitre explore comment un leader peut identifier ses propres points faibles, développer une conscience accrue de ses schémas d'attachement, et utiliser ces connaissances pour promouvoir un climat de sécurité émotionnelle au sein de son équipe.

8.2 Identifier ses propres points faibles en tant que leader

Le premier pas vers un leadership émotionnellement intelligent consiste à prendre conscience de son propre style d'attachement et de ses schémas relationnels. Ces derniers influencent souvent, de manière inconsciente, la manière dont un leader interprète les situations et interagit avec les autres. Un leader anxieux peut, par exemple, chercher à éviter les critiques en cherchant constamment l'approbation de son équipe, tandis qu'un leader évitant peut minimiser les tensions émotionnelles pour se protéger, même au détriment de la résolution de conflits. Ces réactions, bien qu'automatiques, peuvent être modifiées grâce à une réflexion personnelle et à des outils pratiques.

L'auto-évaluation joue ici un rôle central. Des outils comme l'échelle Experiences in Close Relationships (ECR-R), adaptée au contexte professionnel, permettent aux leaders de mieux comprendre leurs dynamiques émotionnelles. Cette prise de conscience initiale est cruciale pour identifier les déclencheurs émotionnels qui peuvent nuire à leur leadership. Elle ouvre également la voie à des changements ciblés, en aidant les leaders à comprendre comment leurs comportements influencent leurs équipes.

8.3 Développer des compétences émotionnelles clés

L'intelligence émotionnelle en leadership repose sur plusieurs compétences fondamentales, qui peuvent être cultivées à travers une pratique régulière et des formations adaptées. La première de ces compétences est la régulation émotionnelle. Un leader capable de gérer ses propres émotions est mieux équipé pour répondre de manière mesurée aux défis et aux conflits. Cette capacité est particulièrement cruciale dans des contextes de stress ou d'incertitude, où les réactions impulsives peuvent aggraver les tensions. Des techniques comme la pleine conscience ou les exercices de respiration profonde sont utiles pour renforcer cette régulation.

L'empathie est une autre compétence clé. Elle permet aux leaders de se mettre à la place des membres de leur équipe et de comprendre leurs besoins émotionnels. Cette qualité est essentielle pour établir une connexion authentique avec les employés, en particulier dans des moments de difficulté ou de transition. Enfin, la capacité à communiquer de manière claire et bienveillante est indispensable pour promouvoir une culture de confiance. Les leaders doivent apprendre à exprimer leurs attentes et leurs préoccupations sans susciter de malentendus ou de ressentiments. La communication non violente, développée par Marshall Rosenberg, offre un cadre efficace pour développer cette compétence.

8.4 Encourager la sécurité émotionnelle au sein de son équipe

Un leader émotionnellement intelligent ne se contente pas de gérer ses propres émotions ; il joue également un rôle actif dans la création d'un environnement de travail sécurisant pour son équipe. La sécurité émotionnelle, concept clé développé par Amy Edmondson, est la perception que chaque membre de l'équipe peut s'exprimer sans crainte de jugement ou de représailles. Ce climat de sécurité favorise l'innovation, l'engagement et la collaboration, car il permet aux employés de prendre des risques et de proposer des idées sans appréhension.

Pour encourager cette sécurité, les leaders doivent adopter une approche proactive. Cela inclut la reconnaissance explicite des contributions des membres de l'équipe, la mise en place de routines de feedback régulières, et l'ouverture à la vulnérabilité. Un leader qui reconnaît ses propres erreurs ou incertitudes montre l'exemple en favorisant une culture où l'erreur est vue comme une opportunité d'apprentissage, et non comme un motif de sanction. Cette approche aide également à établir une confiance mutuelle, essentielle pour le développement des relations collaboratives.

8.5 Études de cas : Transformations réussies de styles de leadership

Les exemples concrets illustrent comment les leaders peuvent transformer leur style en développant leur intelligence émotionnelle. Dans un cas, un leader évitant, confronté à une équipe qui perçoit son comportement comme distant, suit un programme de coaching axé sur la communication empathique. En apprenant à exprimer ses attentes de manière ouverte et à solliciter les idées de son équipe, il parvient à établir des relations plus authentiques et à améliorer la performance collective.

Dans un autre cas, une leader anxieuse, fréquemment submergée par le stress lié à son besoin de validation, intègre des pratiques de mindfulness dans sa routine quotidienne. Cette démarche lui permet de mieux réguler ses émotions et de réduire son besoin de contrôle, ce qui libère de l'espace pour une délégation plus efficace et un engagement accru de ses collaborateurs. Ces transformations montrent que, quel que soit le point de départ, les leaders peuvent développer des compétences émotionnelles pour devenir plus efficaces et inspirants.

Chapitre 9 : Comprendre les origines des conflits au prisme de l'attachement

9.1 Les conflits comme révélateurs des dynamiques relationnelles

Les conflits interpersonnels au travail sont inévitables et peuvent, s'ils sont bien gérés, devenir des opportunités de croissance individuelle et collective. Cependant, ils sont souvent perçus comme des échecs relationnels, car ils activent des mécanismes émotionnels profonds et parfois inconscients. La théorie de l'attachement offre un cadre précieux pour comprendre pourquoi certaines interactions mènent à des tensions et comment les styles d'attachement façonnent les perceptions et réactions face aux conflits.

Les travaux de Jehn (1995) sur les conflits interpersonnels montrent que les désaccords ne résident pas uniquement dans les divergences d'opinions ou d'objectifs, mais sont souvent amplifiés par des facteurs émotionnels et relationnels. Ce chapitre explore les origines des conflits dans un cadre professionnel, en mettant en lumière le rôle des styles d'attachement dans la manière dont les individus interprètent, réagissent et cherchent à résoudre ces tensions.

9.2 Les styles d'attachement et leurs réponses aux conflits

Les styles d'attachement influencent non seulement la manière dont les individus perçoivent les intentions des autres, mais aussi leurs stratégies pour gérer les désaccords. Ces réponses sont souvent le résultat de schémas relationnels profondément ancrés, développés durant l'enfance, qui persistent à l'âge adulte.

Les individus avec un style d'attachement sécurisé abordent généralement les conflits avec une posture ouverte et constructive. Ils sont capables de distinguer les désaccords professionnels des attaques personnelles et cherchent à comprendre les points de vue des autres pour trouver des solutions mutuellement bénéfiques. Cette approche favorise une résolution rapide et limite les escalades émotionnelles. En revanche, les personnes ayant un style anxieux perçoivent souvent les conflits comme des menaces importantes pour leurs relations. Elles peuvent adopter des comportements d'hyperactivation, comme insister excessivement sur leur point de vue ou chercher une validation constante, ce qui peut intensifier les tensions.

Les individus évitants, quant à eux, préfèrent souvent minimiser les conflits ou éviter de les aborder directement. En se retirant des discussions difficiles, ils espèrent protéger leur indépendance émotionnelle, mais cette stratégie peut laisser des problèmes non résolus et créer un climat de frustration. Enfin, les personnes ayant un style désorganisé oscillent entre des comportements anxieux et évitants, ce qui rend leurs réponses imprévisibles. Cette imprévisibilité peut compliquer la gestion des conflits, car leurs collègues ne savent pas à quoi s'attendre.

9.3 Comprendre les origines émotionnelles des conflits

Les conflits en milieu professionnel ne se limitent pas aux divergences de points de vue ; ils activent souvent des mécanismes émotionnels sous-jacents liés aux schémas d'attachement. Par exemple, une critique constructive peut être perçue comme un rejet personnel par un individu anxieux, amplifiant sa réaction émotionnelle. De même, une demande de collaboration peut être vue comme une intrusion par un individu évitant, qui réagit en se retirant ou en minimisant l'importance de la tâche.

Les recherches de Mikulincer et Shaver (2007) montrent que les conflits activent des « modèles internes opérants », ces représentations mentales qui guident la perception et l'interprétation des interactions sociales. Ces modèles influencent non seulement la manière dont une personne réagit aux désaccords, mais aussi les hypothèses qu'elle formule sur les intentions des autres. Par exemple, un individu anxieux pourrait supposer que ses collègues sont contre lui, même en l'absence de preuves concrètes, tandis qu'un évitant pourrait ignorer les signaux émotionnels subtils qui pourraient faciliter une résolution.

9.4 Les conflits courants liés aux styles d'attachement

Dans un cadre professionnel, certains conflits sont typiques des interactions entre styles d'attachement différents. Par exemple, les tensions entre un individu anxieux et un collègue évitant sont fréquentes, car leurs besoins relationnels sont diamétralement opposés. L'individu anxieux cherche une validation et une proximité émotionnelle, tandis que l'évitant préfère limiter les interactions. Cette divergence peut entraîner un cycle d'hyperactivation et de retrait, où les efforts de rapprochement d'un individu anxieux poussent l'évitant à se replier davantage, alimentant une spirale de frustration mutuelle.

Un autre conflit courant se produit lorsque plusieurs membres d'une équipe ont un style désorganisé. Ces individus, oscillant entre des comportements contradictoires, peuvent générer une instabilité émotionnelle qui complique la collaboration. Leur imprévisibilité peut rendre difficile l'établissement de routines de travail ou la gestion des attentes. Ces situations montrent que les conflits ne découlent pas uniquement des tâches ou des responsabilités, mais aussi des dynamiques émotionnelles activées par les schémas d'attachement.

9.5 Le rôle des émotions et de leur régulation dans les conflits

Les émotions jouent un rôle central dans l'escalade ou la résolution des conflits. Une gestion inadéquate des émotions peut transformer une simple divergence en un désaccord majeur, tandis qu'une régulation émotionnelle efficace peut désamorcer des tensions avant qu'elles ne deviennent problématiques. La théorie de l'attachement aide à comprendre pourquoi certaines personnes ont plus de difficulté à gérer leurs émotions dans des situations conflictuelles.

Les individus sécurisés, grâce à leur régulation émotionnelle développée, sont capables d'aborder les conflits avec calme et rationalité. En revanche, ceux ayant un style anxieux, confrontés à un sentiment de menace, peuvent réagir de manière excessive, amplifiant les tensions. Les individus évitants, bien qu'apparaissant calmes en surface, ont tendance à réprimer leurs émotions, ce qui peut conduire à une accumulation de frustrations. Enfin, les désorganisés, en raison de leur instabilité émotionnelle, oscillent entre des réactions intenses et des retraits soudains, rendant la gestion des conflits plus complexe.

Chapitre 10 : Stratégies pour gérer et résoudre les conflits

10.1 Gérer les conflits pour renforcer les relations professionnelles

Les conflits, bien que souvent perçus comme des ruptures dans les relations professionnelles, peuvent devenir des opportunités de renforcement des liens si leur gestion est abordée avec empathie et méthode. La théorie de l'attachement apporte une compréhension unique des réactions émotionnelles et comportementales face aux tensions, en révélant les schémas relationnels sous-jacents qui influencent la manière dont les individus perçoivent et gèrent les conflits. Ce chapitre propose des stratégies concrètes pour naviguer dans ces situations, en tenant compte des besoins émotionnels des différents styles d'attachement et en offrant des outils pratiques pour désamorcer les tensions et promouvoir une résolution constructive.

10.2 Comprendre les besoins émotionnels des différents styles d'attachement

Les styles d'attachement façonnent profondément la manière dont les individus réagissent aux conflits. Pour qu'une résolution soit efficace, il est essentiel de reconnaître et de répondre aux besoins émotionnels spécifiques de chaque style. Un individu anxieux, par exemple, peut chercher une validation constante pour se rassurer face à une situation perçue comme menaçante. Une approche empathique, combinée à des assurances explicites, peut atténuer cette réaction. À l'inverse, un individu évitant, qui préfère minimiser les interactions émotionnelles, peut bénéficier de discussions cadrées et orientées vers des solutions concrètes, sans forcer des échanges émotionnels qui pourraient être perçus comme intrusifs.

Les personnes désorganisées, souvent tiraillées entre des comportements anxieux et évitants, nécessitent une approche plus nuancée. Une médiation structurée, avec des règles claires et un espace sécurisé pour exprimer leurs préoccupations, peut leur permettre de s'engager sans craindre une escalade émotionnelle. Ces exemples montrent que la personnalisation des approches de gestion des conflits, en fonction des styles d'attachement, est cruciale pour garantir une résolution efficace.

10.3 Techniques pratiques pour gérer et résoudre les conflits

La gestion des conflits repose sur des compétences relationnelles qui favorisent la compréhension mutuelle et la recherche de solutions communes. La communication non violente (CNV), développée par Marshall Rosenberg, est l'un des outils les plus puissants pour aborder les conflits. Cette méthode encourage l'expression des observations, des émotions et des besoins sans juger ni accuser l'autre partie. Elle permet également de formuler des demandes claires et concrètes, favorisant une résolution mutuellement bénéfique.

La médiation est une autre technique essentielle, particulièrement efficace dans des contextes où les tensions ont atteint un point critique. Une médiation réussie implique un facilitateur neutre qui guide les parties vers une compréhension partagée du problème et des solutions possibles. Dans des équipes où les styles d'attachement varient considérablement, le rôle du médiateur est de créer un espace sécurisé où chaque individu peut exprimer ses préoccupations sans crainte de jugement ou de représailles.

Le feedback constructif est également un outil clé dans la résolution des conflits. Plutôt que de critiquer les actions ou les intentions des autres, il s'agit de se concentrer sur l'impact de ces actions et sur les solutions possibles. Par exemple, un leader confronté à un conflit entre deux membres de son équipe peut encourager un dialogue basé sur des faits concrets, tout en veillant à ce que les émotions et les besoins de chaque partie soient pris en compte.

10.4 Développer une approche empathique adaptée aux différents styles

Une gestion empathique des conflits exige une écoute active et une reconnaissance explicite des besoins émotionnels de chaque individu. Les leaders et les médiateurs doivent être particulièrement attentifs aux signaux non verbaux, qui révèlent souvent des émotions ou des préoccupations non exprimées verbalement. Par exemple, un collaborateur évitant peut montrer des signes de stress subtils, comme une posture rigide ou un regard détourné, qui indiquent une réticence à s'engager dans la discussion. Reconnaître ces signaux sans les confronter directement peut aider à maintenir un climat de respect et d'ouverture.

Pour les individus anxieux, l'empathie se manifeste par une validation explicite de leurs préoccupations. Dire, par exemple, « Je comprends que cette situation vous cause beaucoup de stress, et je veux m'assurer que nous trouvions une solution qui vous convienne » peut désamorcer leur anxiété et les encourager à s'impliquer positivement dans la résolution du conflit. Ces adaptations ne sont pas seulement des techniques ; elles reflètent une reconnaissance profonde des besoins relationnels de chaque style d'attachement.

10.5 Études de cas : Résolution de conflits au prisme de l'attachement

Les études de cas offrent des exemples concrets de l'application des stratégies décrites. Dans un premier exemple, un conflit éclate entre deux collègues, l'un anxieux et l'autre évitant, autour de la répartition des tâches. L'individu anxieux interprète le comportement distant de son collègue comme un désengagement, tandis que l'évitant se sent envahi par les demandes répétées. Une médiation structurée permet d'identifier les perceptions erronées des deux parties et de clarifier les attentes, conduisant à une répartition des responsabilités plus équitable.

Dans un autre exemple, une équipe multiculturelle, confrontée à des tensions liées à des styles de communication divergents, utilise la communication non violente pour établir des règles claires sur la manière de formuler les critiques et les suggestions. Cette approche réduit les malentendus et améliore la collaboration, démontrant que les outils de gestion des conflits peuvent transformer les dynamiques relationnelles au sein des équipes.

Chapitre 11 : Créer des cultures organisationnelles inclusives et sécurisées

11.1 L'impact d'une culture organisationnelle sur le bien-être et la performance

La culture organisationnelle constitue l'ensemble des valeurs, croyances, et comportements partagés qui définissent le fonctionnement d'une entreprise. Elle influence profondément la manière dont les individus interagissent, collaborent, et naviguent dans les défis professionnels. Lorsqu'une culture est inclusive et sécurisée sur le plan émotionnel, elle devient un catalyseur pour l'innovation, la satisfaction des employés et la rétention des talents. En revanche, une culture marquée par l'exclusion ou l'insécurité peut engendrer des tensions, un désengagement, et une performance médiocre.

La théorie de l'attachement offre un cadre pour comprendre comment les environnements professionnels affectent les relations interpersonnelles. Elle met en lumière la manière dont les individus, selon leurs styles d'attachement, perçoivent et interagissent avec leur environnement organisationnel. Ce chapitre explore comment les entreprises peuvent intégrer ces principes pour bâtir des cultures organisationnelles où chacun se sent inclus, respecté et soutenu.

11.2 Les fondements d'une culture inclusive et sécurisée

Une culture inclusive repose sur l'idée que chaque employé, indépendamment de ses origines, de son identité ou de son style relationnel, se sent valorisé et accepté. Ce type de culture ne se limite pas à tolérer la diversité, mais la célèbre comme une force collective. L'inclusion favorise un sentiment d'appartenance, essentiel pour tous les styles d'attachement, mais particulièrement crucial pour les individus anxieux ou désorganisés, qui recherchent souvent une validation explicite.

La sécurité émotionnelle, concept central des recherches d'Amy Edmondson (1999), complète cette inclusion en créant un environnement où les employés se sentent libres de s'exprimer sans crainte de jugement ou de représailles. Cet environnement est particulièrement bénéfique pour les individus évitants, qui peuvent être réticents à partager leurs idées ou leurs préoccupations, ainsi que pour les désorganisés, qui craignent souvent les réactions imprévisibles des autres. Une culture inclusive et sécurisée est donc un espace où tous les styles d'attachement peuvent s'épanouir, favorisant une collaboration authentique et une innovation durable.

11.3 Intégrer la théorie de l'attachement dans les politiques RH

Les politiques des ressources humaines jouent un rôle clé dans la construction de cultures organisationnelles inclusives et sécurisées. Pour intégrer les principes de la théorie de l'attachement, les entreprises doivent repenser leurs pratiques de recrutement, de formation et de gestion des talents.

Lors du recrutement, les organisations peuvent chercher à identifier non seulement les compétences techniques, mais aussi les dynamiques relationnelles des candidats. Cela ne signifie pas qu'un style d'attachement spécifique est préférable, mais plutôt qu'une équipe équilibrée, composée de membres aux styles variés, favorise une diversité de perspectives. Une attention particulière doit également être accordée à la manière dont les processus d'embauche sont perçus. Par exemple, les individus anxieux peuvent être plus sensibles à des interactions perçues comme froides ou impersonnelles, tandis que les évitants peuvent préférer des approches structurées et moins émotionnelles.

En matière de formation, les programmes axés sur l'intelligence émotionnelle et la gestion des relations interpersonnelles permettent de sensibiliser les employés et les managers aux dynamiques liées aux styles d'attachement. Ces formations offrent également des outils pour naviguer les différences relationnelles et promouvoir une communication empathique. Enfin, les politiques de gestion des talents doivent inclure des mécanismes de feedback réguliers et des opportunités de développement professionnel, qui répondent aux besoins émotionnels variés des employés.

11.4 Le rôle du leadership dans la création d'une culture sécurisée

Les leaders jouent un rôle central dans la mise en œuvre et le maintien d'une culture organisationnelle inclusive. Leur comportement influence directement la manière dont les employés perçoivent la sécurité émotionnelle et l'inclusion. Un leader conscient de son propre style d'attachement et de ses schémas relationnels est mieux équipé pour établir des relations de confiance avec son équipe et pour répondre aux besoins variés de ses membres.

Les leaders sécurisés, grâce à leur stabilité émotionnelle, peuvent modéliser des comportements qui renforcent la cohésion et la collaboration. Ils sont capables de reconnaître et de valoriser les contributions de chaque membre, créant un sentiment d'appartenance au sein de l'équipe. Les leaders anxieux, bien qu'ils puissent avoir des défis à surmonter, peuvent utiliser leur sensibilité émotionnelle pour établir des connexions authentiques, à condition de réguler leurs propres besoins de validation. Quant aux leaders évitants, leur style peut être adapté pour inclure davantage de communication proactive, ce qui renforce leur capacité à inspirer la confiance et à promouvoir une sécurité émotionnelle collective.

11.5 Études de cas : Cultures inclusives et sécurisées

Les exemples pratiques montrent comment les organisations peuvent intégrer ces principes pour transformer leur culture. Dans un premier cas, une entreprise technologique adopte un programme de formation sur la communication empathique et l'intelligence émotionnelle, destiné à ses managers. Cette initiative conduit à une amélioration significative de la collaboration et à une réduction des tensions interpersonnelles, en particulier dans les équipes multiculturelles.

Dans un autre cas, une entreprise du secteur de la santé met en place des politiques de feedback anonyme pour encourager les employés à exprimer leurs préoccupations sans crainte. Ce mécanisme, combiné à des sessions régulières de dialogue ouvert entre les leaders et les employés, crée un environnement où les individus, quels que soient leurs styles d'attachement, se sentent écoutés et respectés. Ces initiatives démontrent que des ajustements ciblés peuvent avoir un impact profond sur la culture organisationnelle.

Chapitre 12 : Mesurer et améliorer la sécurité émotionnelle au travail

12.1 L'importance de l'évaluation pour le développement organisationnel

La sécurité émotionnelle, en tant que fondement des environnements de travail épanouissants et performants, ne peut être laissée au hasard. Pour que les organisations puissent la renforcer, elles doivent d'abord être capables de l'évaluer avec précision. Comprendre où en est une équipe ou une organisation en matière de sécurité émotionnelle permet d'identifier les forces existantes et les domaines à améliorer. Ce chapitre explore les outils et méthodologies disponibles pour mesurer cette dimension cruciale, ainsi que les stratégies concrètes pour mettre en œuvre des interventions efficaces.

Les recherches d'Amy Edmondson (1999) montrent que les organisations dotées de niveaux élevés de sécurité émotionnelle bénéficient d'une collaboration accrue, d'une plus grande innovation et d'une meilleure satisfaction des employés. Ce chapitre s'appuie sur ces bases pour proposer des approches mesurables et pratiques, adaptées aux contextes variés des entreprises.

12.2 Indicateurs clés de la sécurité émotionnelle

La sécurité émotionnelle, bien qu'intangible, peut être évaluée à travers des indicateurs comportementaux et perceptuels. Parmi les indicateurs les plus révélateurs, on trouve la capacité des employés à exprimer leurs idées sans crainte de jugement, à poser des questions même dans des contextes hiérarchiques, et à admettre leurs erreurs sans craindre de représailles. Ces comportements reflètent un climat où la vulnérabilité est perçue non pas comme une faiblesse, mais comme une force qui favorise l'apprentissage et la collaboration.

D'autres indicateurs incluent les taux de participation aux réunions, le niveau d'engagement dans les discussions stratégiques, et les feedbacks reçus sur la qualité des relations interpersonnelles. Par exemple, une faible participation ou une réticence à partager des opinions divergentes peut signaler un manque de sécurité émotionnelle. De même, des niveaux élevés de turnover ou de conflits non résolus indiquent souvent des failles dans la culture organisationnelle.

12.3 Méthodes pour mesurer la sécurité émotionnelle

La mesure de la sécurité émotionnelle peut se faire à travers des enquêtes anonymes, des groupes de discussion, et des observations comportementales. Les enquêtes, comme celles basées sur l'échelle de sécurité psychologique d'Edmondson, permettent de recueillir des données quantitatives sur la perception des employés concernant leur environnement de travail. Ces enquêtes posent des questions telles que : « Puis-je exprimer mes idées sans crainte de conséquences négatives ? » ou « Les erreurs sont-elles perçues comme des opportunités d'apprentissage dans mon équipe ? »

Les groupes de discussion, quant à eux, offrent une perspective qualitative, en permettant aux employés de partager leurs expériences et ressentis dans un cadre confidentiel. Ces échanges peuvent révéler des dynamiques sous-jacentes qui ne sont pas toujours captées par les enquêtes. Enfin, les observations comportementales, menées par des consultants ou des managers formés, permettent d'identifier des signaux implicites de sécurité ou d'insécurité, comme le ton des interactions, la participation aux décisions, ou la gestion des désaccords.

12.4 Interventions pour améliorer la sécurité émotionnelle

Une fois les lacunes identifiées, les organisations peuvent mettre en œuvre des interventions ciblées pour renforcer la sécurité émotionnelle. Ces interventions incluent des formations sur la communication empathique, la gestion des conflits et la régulation émotionnelle. Les ateliers de team building, lorsqu'ils sont bien conçus, peuvent également renforcer la confiance et la cohésion au sein des équipes.

Les leaders ont un rôle clé à jouer dans ces initiatives. En modélisant des comportements alignés avec les principes de sécurité émotionnelle, comme reconnaître leurs propres erreurs ou encourager les feedbacks, ils peuvent transformer la culture organisationnelle de manière significative. Les politiques de feedback structuré, qui incluent des opportunités régulières pour les employés d'exprimer leurs préoccupations ou leurs idées, sont également essentielles. Ces pratiques, combinées à une formation continue des managers, contribuent à instaurer un climat de respect et de soutien mutuel.

12.5 Études de cas : Organisations ayant adopté ces principes

Les études de cas montrent comment certaines organisations ont réussi à mesurer et améliorer la sécurité émotionnelle, avec des résultats tangibles. Dans une entreprise manufacturière, par exemple, l'introduction d'un programme de feedback anonyme a permis d'identifier des tensions non exprimées au sein d'une équipe. En réponse, l'entreprise a organisé des ateliers sur la communication non violente, ce qui a conduit à une amélioration significative de la collaboration et à une réduction des conflits.

Dans une autre organisation, un programme de mentorat a été mis en place pour renforcer les liens entre les employés et les leaders. Ce programme, axé sur l'écoute active et le partage d'expériences, a permis de créer un climat où les employés se sentaient plus soutenus et valorisés. Les résultats ont montré une augmentation de l'engagement des employés et une réduction du turnover.

Chapitre 13 : L'avenir des relations professionnelles et la théorie de l'attachement

13.1 Une ère de transformations accélérées

Le monde professionnel évolue rapidement, poussé par des avancées technologiques, des transformations culturelles et des bouleversements dans la manière de travailler. La pandémie mondiale a accéléré des tendances comme le télétravail et les équipes hybrides, tandis que la globalisation continue de diversifier les environnements professionnels. Dans ce contexte, les relations interpersonnelles au travail sont soumises à des pressions croissantes et à des formes nouvelles de collaboration. La théorie de l'attachement, en offrant un cadre pour comprendre les dynamiques émotionnelles et relationnelles, se révèle plus pertinente que jamais.

Ce chapitre explore comment les styles d'attachement pourraient influencer et être influencés par ces transformations, tout en proposant des pistes pour anticiper et répondre aux défis émergents.

13.2 Les dynamiques d'attachement dans le télétravail et les équipes hybrides

Le télétravail, devenu un mode de fonctionnement dominant dans de nombreuses industries, redéfinit les interactions professionnelles. Les styles d'attachement jouent un rôle central dans la manière dont les individus s'adaptent à cette nouvelle réalité.

Les individus anxieux, par exemple, peuvent ressentir un isolement accru en l'absence de contacts physiques réguliers avec leurs collègues. Leur besoin de validation et de proximité émotionnelle peut rester insatisfait, ce qui peut affecter leur engagement et leur bien-être. À l'inverse, les individus évitants peuvent trouver le télétravail plus confortable, car il limite les interactions émotionnelles directes. Cependant, cette préférence peut aussi les isoler davantage, compromettant leur contribution à des projets collaboratifs.

Les équipes hybrides, où certains membres travaillent à distance tandis que d'autres sont en présentiel, amplifient ces défis. Les relations asymétriques, où certains collègues semblent plus connectés aux leaders ou aux décisions, peuvent renforcer les insécurités relationnelles des styles anxieux ou désorganisés. Pour surmonter ces défis, les organisations doivent instaurer des pratiques intentionnelles, comme des check-ins réguliers, des réunions équitables (physiques et virtuelles), et des outils de collaboration inclusifs.

13.3 La globalisation et les collaborations internationales

La diversification culturelle des équipes due à la globalisation introduit une complexité supplémentaire dans les dynamiques relationnelles. Les différences culturelles influencent souvent la manière dont les styles d'attachement se manifestent et sont perçus. Par exemple, dans certaines cultures collectivistes, les comportements anxieux peuvent être interprétés comme un fort engagement, tandis que dans des cultures individualistes, ils pourraient être vus comme un manque de confiance en soi.

Les collaborations internationales exigent une adaptation non seulement aux différences linguistiques et horaires, mais aussi aux attentes relationnelles variées. Comprendre les styles d'attachement dans un cadre interculturel peut aider les leaders à éviter des malentendus et à construire des relations professionnelles solides malgré les différences. Par exemple, les formations interculturelles pourraient inclure une sensibilisation aux besoins émotionnels sous-jacents des styles d'attachement, afin de promouvoir une communication plus empathique.

13.4 La montée de l'intelligence artificielle et des outils numériques

Avec l'introduction croissante de l'intelligence artificielle (IA) et des outils numériques dans les environnements de travail, une nouvelle question émerge : comment ces technologies influencent-elles les relations professionnelles et les dynamiques émotionnelles ? Si l'IA peut améliorer la productivité et automatiser les tâches répétitives, elle peut également réduire les interactions humaines, exacerbant les sentiments d'isolement pour certains individus.

Les styles anxieux, en particulier, pourraient se sentir marginalisés dans des environnements où les interactions sont davantage gérées par des systèmes numériques que par des personnes. À l'inverse, les styles évitants pourraient préférer ces échanges impersonnels, mais au détriment de la collaboration et de la créativité collective. Les organisations devront trouver un équilibre entre l'efficacité technologique et la préservation des connexions humaines, en favorisant des moments dédiés aux interactions interpersonnelles authentiques.

13.5 Vers des environnements professionnels plus résilients

Face à ces évolutions, la théorie de l'attachement peut jouer un rôle clé pour renforcer la résilience des individus et des organisations. Les leaders devront développer des compétences relationnelles adaptées à ces nouvelles dynamiques, en investissant dans leur propre intelligence émotionnelle et en adoptant des pratiques qui favorisent la sécurité émotionnelle, même dans des environnements de travail de plus en plus complexes.

Les entreprises qui réussiront dans cette ère de transformations seront celles qui sauront équilibrer l'innovation technologique avec l'humanité des relations professionnelles. Cela inclut la formation continue sur les dynamiques relationnelles, l'adoption de politiques inclusives, et une attention accrue à la diversité des besoins émotionnels des employés.

Conclusion : Vers des relations professionnelles épanouies et productives

Une nouvelle compréhension des relations au travail

Au fil des chapitres, ce livre a exploré l'impact de la théorie de l'attachement dans le cadre professionnel, offrant un éclairage unique sur la manière dont nos schémas relationnels façonnent nos interactions, notre collaboration, et notre capacité à diriger ou à être dirigé. Comprendre ces dynamiques ne se limite pas à une simple analyse psychologique ; c'est une clé pour transformer nos environnements de travail en espaces où la sécurité émotionnelle, la performance, et l'épanouissement individuel peuvent coexister.

Les relations professionnelles, bien qu'ancrées dans des objectifs communs, reposent sur des bases profondément humaines : le besoin d'appartenance, de reconnaissance, et de soutien. La théorie de l'attachement nous rappelle que chaque individu apporte au travail un bagage relationnel unique, influencé par des expériences passées. Ce bagage ne détermine pas seulement comment nous percevons et réagissons aux autres, mais aussi comment nous contribuons à l'ambiance et à la culture de nos organisations.

Les enseignements clés : de la compréhension à l'action

L'un des messages centraux de ce livre est que les styles d'attachement, bien qu'ils soient des schémas relationnels ancrés, ne sont ni figés ni immuables. Avec une prise de conscience et des efforts ciblés, il est possible de modifier nos comportements et d'adopter des stratégies qui renforcent nos relations professionnelles. Cette perspective est particulièrement puissante pour les leaders, qui ont la capacité non seulement d'influencer leurs propres interactions, mais aussi de modeler des cultures organisationnelles inclusives et sécurisées.

Comprendre les styles d'attachement nous permet également de mieux appréhender les défis relationnels auxquels nous sommes confrontés. Les tensions ou conflits, souvent interprétés comme des incompatibilités personnelles ou professionnelles, prennent un sens différent lorsqu'ils sont analysés à travers le prisme de l'attachement. Cette compréhension ouvre la voie à des résolutions constructives, basées sur une empathie mutuelle et une reconnaissance des besoins émotionnels de chacun.

Enfin, ce livre a montré que la théorie de l'attachement ne se limite pas à expliquer les relations au travail ; elle offre également des outils pratiques pour les transformer. Des techniques comme la communication non violente, les formations sur l'intelligence émotionnelle, et les politiques organisationnelles axées sur la sécurité émotionnelle ne sont pas de simples ajouts à une stratégie managériale. Ce sont des investissements dans l'humanité des organisations, avec des bénéfices à long terme pour les individus et les entreprises.

Une vision pour l'avenir des relations professionnelles

À une époque où les environnements professionnels évoluent rapidement, où les pressions extérieures augmentent, et où la complexité des relations s'accentue, il est crucial de réinventer notre manière de collaborer et de diriger. La théorie de l'attachement nous offre un cadre pour relever ces défis, en plaçant les besoins humains au cœur des stratégies organisationnelles.

Les organisations qui réussiront dans l'avenir ne seront pas seulement celles qui innovent ou adoptent les dernières technologies, mais celles qui créent des environnements où les individus se sentent en sécurité pour s'exprimer, apprendre, et collaborer. Ces entreprises, conscientes des dynamiques relationnelles, seront mieux équipées pour attirer et retenir les talents, pour naviguer les crises avec résilience, et pour promouvoir une culture d'innovation et d'engagement.

En adoptant une perspective basée sur l'attachement, les professionnels peuvent devenir des agents de changement, transformant leurs relations interpersonnelles et leurs environnements de travail. Cette transformation n'est pas seulement une opportunité ; elle est une nécessité pour construire des organisations plus humaines, où les performances ne sont pas obtenues au détriment du bien-être, mais en harmonie avec lui.

Un appel à l'action

Ce livre se termine avec un appel à tous les professionnels, leaders, et organisations : engagez-vous à comprendre et à intégrer les principes de la théorie de l'attachement dans votre vie professionnelle. Investissez dans des relations fondées sur la confiance, la sécurité émotionnelle, et l'empathie. En adoptant ces pratiques, vous ne créerez pas seulement un meilleur environnement pour vous-même et vos collègues, mais vous contribuerez également à une transformation culturelle plus large, où le travail devient une source d'épanouissement et de connexion humaine.

Merci d'avoir exploré cette aventure théorique et pratique à travers la théorie de l'attachement au travail. Que ces enseignements vous accompagnent dans vos projets, vos collaborations, et votre cheminement professionnel.

Annexe 1 : FAQ (Foire Aux Questions)

Comment puis-je identifier mon style d'attachement et celui de mes collègues ?

Pour identifier votre style d'attachement, des outils comme l'échelle ECR-R (Experiences in Close Relationships - Revised) peuvent être utilisés. Ces questionnaires aident à mesurer les dimensions d'anxiété et d'évitement dans vos relations. Bien qu'il soit délicat d'identifier directement le style d'attachement des autres, vous pouvez observer leurs comportements relationnels, comme leur réaction aux conflits ou leur manière de demander de l'aide. Ces indices offrent des pistes sans toutefois remplacer une évaluation formelle.

Que faire si mon style d'attachement crée des tensions dans mes relations professionnelles ?

La prise de conscience est la première étape pour surmonter ces défis. Identifiez les schémas récurrents dans vos interactions qui pourraient être influencés par votre style d'attachement. Par exemple, si vous avez un style anxieux, travaillez sur la régulation de vos émotions et cherchez à développer votre autonomie. Si vous êtes évitant, essayez d'être plus ouvert aux discussions émotionnelles et aux retours constructifs. Des outils comme la communication non violente et la formation en intelligence émotionnelle peuvent également vous aider.

Comment un leader peut-il utiliser la théorie de l'attachement pour améliorer son management ?

Un leader peut tirer parti de la théorie de l'attachement en adaptant son approche aux besoins émotionnels de son équipe. Par exemple, offrir un feedback régulier peut rassurer les collaborateurs anxieux, tandis qu'un cadre structuré peut aider les évitants à s'engager davantage. Les leaders doivent également travailler sur leur propre style d'attachement pour éviter de projeter leurs schémas relationnels sur leurs équipes. Une formation en intelligence émotionnelle et en régulation émotionnelle est particulièrement bénéfique.

Que puis-je faire si je travaille avec un collègue dont le style d'attachement diffère fortement du mien ?

Travailler avec quelqu'un dont le style d'attachement diffère du vôtre peut être enrichissant, mais aussi source de tensions. La clé est de reconnaître et de respecter ses besoins relationnels. Par exemple, si votre collègue est évitant, évitez de le submerger de questions ou d'interactions trop fréquentes. Si votre collègue est anxieux, montrez-vous disponible et rassurant sans pour autant dépasser vos propres limites. La communication ouverte et la compréhension mutuelle sont essentielles.

Comment promouvoir la sécurité émotionnelle dans une équipe ?

Pour favoriser la sécurité émotionnelle, créez un environnement où chacun se sent à l'aise pour s'exprimer sans crainte de jugement. Cela inclut des pratiques telles que des feedbacks réguliers, la reconnaissance des contributions, et l'établissement de routines de dialogue ouvert. Les leaders peuvent également jouer un rôle crucial en modélisant des comportements de vulnérabilité constructive, comme admettre leurs erreurs ou demander de l'aide.

La théorie de l'attachement peut-elle être utilisée pour résoudre les conflits professionnels ?

Absolument. Comprendre les styles d'attachement peut aider à désamorcer les tensions en reconnaissant les besoins émotionnels sous-jacents des parties impliquées. Par exemple, un individu anxieux peut réagir de manière excessive à un conflit par peur du rejet, tandis qu'un évitant peut se retirer complètement pour éviter la confrontation. Adapter votre approche à ces styles, combiné à des techniques de médiation ou de communication non violente, peut transformer un conflit en une opportunité de renforcement des relations.

Est-il possible de changer son style d'attachement ?

Oui, bien que les styles d'attachement soient profondément ancrés, ils ne sont pas immuables. Grâce à une introspection, à des formations en intelligence émotionnelle, ou à une thérapie, il est possible de développer des comportements plus sécurisés. Par exemple, les individus anxieux peuvent apprendre à gérer leur besoin de validation, tandis que les évitants peuvent travailler à être plus présents émotionnellement.

Quels sont les signes d'un environnement de travail dysfonctionnel au prisme de l'attachement ?

Les signes incluent un manque de communication ouverte, une réticence des employés à poser des questions ou à admettre leurs erreurs, un turnover élevé, ou une prévalence de conflits non résolus. Ces symptômes peuvent indiquer un déficit de sécurité émotionnelle, où les employés se sentent jugés, marginalisés ou incompris.

Comment encourager la collaboration entre des styles d'attachement opposés ?

Pour encourager la collaboration entre des individus ayant des styles opposés, il est essentiel de créer un cadre structuré et neutre pour les échanges. Par exemple, dans le cas d'une personne anxieuse travaillant avec un collègue évitant, le manager peut instaurer des réunions régulières avec des objectifs clairs, permettant à chacun de s'exprimer dans un cadre sécurisé. L'utilisation d'outils collaboratifs écrits peut également réduire les tensions en évitant les malentendus dans la communication verbale.

La théorie de l'attachement s'applique-t-elle au travail à distance ?

Oui, elle est particulièrement pertinente dans un contexte de travail à distance. Les employés anxieux, par exemple, peuvent se sentir isolés ou manquer de validation dans des environnements virtuels. Les managers doivent compenser ce manque par des check-ins réguliers et des feedbacks clairs. Les employés évitants, en revanche, peuvent trouver le télétravail plus confortable, mais doivent être encouragés à rester engagés dans les échanges d'équipe.

Existe-t-il des ressources pour approfondir la théorie de l'attachement ?

Il existe de nombreux ouvrages et articles scientifiques sur la théorie de l'attachement, notamment les travaux de Bowlby et Ainsworth. Pour son application au travail, des recherches comme celles de Popper et Mayseless (2003) ou d'Amy Edmondson (1999) sont particulièrement utiles. La bibliographie de ce livre fournit une liste complète des références pour approfondir ces concepts.

Annexe 2 : Bibliographie

Ouvrages fondateurs de la théorie de l'attachement

- Bowlby, J. (1969). *Attachment and Loss: Volume I. Attachment*. New York: Basic Books.
- Bowlby, J. (1973). *Attachment and Loss: Volume II. Separation: Anxiety and Anger*. New York: Basic Books.
- Bowlby, J. (1980). *Attachment and Loss: Volume III. Loss: Sadness and Depression*. New York: Basic Books.
- Ainsworth, M. D. S., Blehar, M. C., Waters, E., & Wall, S. (1978). *Patterns of Attachment: A Psychological Study of the Strange Situation*. Hillsdale, NJ: Lawrence Erlbaum Associates.

Travaux sur l'attachement à l'âge adulte

- Hazan, C., & Shaver, P. R. (1987). "Romantic love conceptualized as an attachment process." *Journal of Personality and Social Psychology*, 52(3), 511–524.
- Mikulincer, M., & Shaver, P. R. (2007). *Attachment in Adulthood: Structure, Dynamics, and Change*. New York: Guilford Press.
- Bartholomew, K., & Horowitz, L. M. (1991). "Attachment styles among young adults: A test of a four-category model." *Journal of Personality and Social Psychology*, 61(2), 226–244.

Application de la théorie de l'attachement au leadership

- Popper, M., & Mayseless, O. (2003). "Back to basics: Applying a parenting perspective to transformational leadership." *The Leadership Quarterly*, 14(1), 41–65.
- Davidovitz, R., Mikulincer, M., Shaver, P. R., Izsak, R., & Popper, M. (2007). "Leaders as attachment figures: Leaders' attachment orientations predict leadership-related mental

representations and followers' performance and mental health." *Journal of Personality and Social Psychology*, 93(4), 632–650.

Travaux sur la sécurité émotionnelle et la collaboration

- Edmondson, A. C. (1999). "Psychological safety and learning behavior in work teams." *Administrative Science Quarterly*, 44(2), 350–383.
- Edmondson, A. C. (2018). *The Fearless Organization: Creating Psychological Safety in the Workplace for Learning, Innovation, and Growth.* Hoboken, NJ: Wiley.

Conflits interpersonnels et régulation émotionnelle

- Jehn, K. A. (1995). "A multimethod examination of the benefits and detriments of intragroup conflict." *Administrative Science Quarterly*, 40(2), 256–282.
- Gross, J. J. (2002). "Emotion regulation: Affective, cognitive, and social consequences." *Psychophysiology*, 39(3), 281–291.
- Rosenberg, M. B. (2003). *Nonviolent Communication: A Language of Life.* Encinitas, CA: PuddleDancer Press.

Environnements de travail inclusifs et sécurisés

- Kahn, W. A. (1990). "Psychological conditions of personal engagement and disengagement at work." *Academy of Management Journal*, 33(4), 692–724.
- Frazier, M. L., & Tupper, C. (2018). "Team psychological safety: Its dimensions and implications for team effectiveness." *Journal of Organizational Behavior*, 39(2), 273–289.

Outils et méthodologies liés à l'intelligence émotionnelle

- Goleman, D. (1995). *Emotional Intelligence: Why It Can Matter More Than IQ.* New York: Bantam Books.

- Salovey, P., & Mayer, J. D. (1990). "Emotional intelligence." *Imagination, Cognition and Personality*, 9(3), 185–211.

Autres ressources pertinentes

- Trevarthen, C., & Aitken, K. J. (2001). "Infant intersubjectivity: Research, theory, and clinical applications." *Journal of Child Psychology and Psychiatry*, 42(1), 3–48.
- Shaver, P. R., & Mikulincer, M. (2011). "Human nature and the origins of close relationships: Exploring the natural foundation of the capacity for close relationships." In *The Handbook of Adult Attachment* (2nd ed.). New York: Guilford Press.

Remerciements

À tous ceux qui ont rendu ce livre possible, je tiens à exprimer ma profonde gratitude.

Tout d'abord, merci à mes lecteurs et lectrices, fidèles ou nouveaux, qui trouvent dans la théorie de l'attachement une source d'inspiration et d'évolution personnelle. Votre curiosité, votre réflexion, et vos retours passionnés donnent tout son sens à ce travail. Ce livre est pour vous, et j'espère qu'il sera une boussole dans vos relations professionnelles.

Un immense merci à mes proches, dont le soutien indéfectible et les encouragements m'ont porté tout au long de l'écriture de ce projet. À ceux qui ont écouté mes idées, partagé leurs avis ou simplement cru en ce livre avant même qu'il ne prenne vie : votre présence a été une source inestimable de motivation.

Je tiens également à remercier les chercheurs, penseurs, et pionniers de la théorie de l'attachement, notamment John Bowlby, Mary Ainsworth, et ceux qui ont élargi ces concepts à d'autres sphères de la vie humaine. Vos travaux éclairent les relations humaines avec une profondeur qui transcende les contextes et les générations.

À mes mentors et collègues dans le domaine de la psychologie et des sciences sociales, merci pour vos discussions enrichissantes et vos contributions précieuses. Votre expertise a nourri ma réflexion et renforcé la rigueur de ce livre.

Enfin, un remerciement particulier à vous, chers professionnels et leaders, qui avez choisi d'explorer comment la théorie de l'attachement peut enrichir vos pratiques. Que ce livre vous accompagne dans la construction de relations professionnelles plus épanouies et dans votre quête d'un environnement de travail empreint de sécurité émotionnelle et de collaboration sincère.

Avec toute ma gratitude,
Sacha Vauclair

Table des matières

www.ingramcontent.com/pod-product-compliance
Lightning Source LLC
Chambersburg PA
CBHW070120230526
45472CB00004B/1346